Interrogar la Tecnología

Algunos fundamentos para un análisis crítico

Interrogar la Tecnología

Algunos fundamentos para un análisis crítico

GUSTAVO GIULIANO

nueva librería

Giuliano, Héctor Gustavo
Interrogar la tecnología: algunos fundamentos para un análisis crítico - 1a ed . - Ciudad Autónoma de Buenos Aires : Nueva Librería, 2017. 128 p. ; 21 x 15 cm.

ISBN 978-987-1104-53-6

1. Filosofía de la Ciencia. I. Título.
CDD 501

Primera reimpresión, marzo de 2017

Estados Unidos 301
(1101) CABA - Argentina
Tel: (54 11) - 4362 - 9266

libros@nuevalibreria.com.ar
www.nuevalibreria.com.ar

Diseño de tapa: Elisa Ferández
Diseño del interior: m&s estudío

ISBN: 978-987-1104 – 53 - 6

Hecho el depósito que marca la Ley 11.723

Impreso en Argentina – Printed in Argentina

A Sofía Zoé

Agradecimientos

Deseo expresar mi profundo agradecimiento al Dr. Ricardo J. Gómez, cuya cordial y erudita guía fue central para la concreción de este trabajo, al Ing. Horacio C. Reggini por su interés y convicción en la necesidad de que los ingenieros reflexionemos sobre nuestra actividad y a la Lic. Ana Lía Yahdjian por sus valiosas observaciones y sugerencias.

Inquiere si una cosa es necesaria
Especialmente si es común
En particular te pedimos:
Que no por esa razón pienses que es natural
No permitas que nada sea considerado natural
En una época de confusión sangrienta
Desorden ordenado, capricho planeado
Y humanidad deshumanizada, no vaya a ser que todas las cosas
Sean consideradas inalterables.

BERTOLT BRECHT

Índice

Prólogo

Existen opiniones encontradas acerca de la influencia de las nuevas tecnologías en la sociedad y en la cultura en general. Algunos piensan que la tecnología moderna es una especie de agente automático que actúa *per se* sobre la gente gracias a una naturaleza propia y que no queda más alternativa que adaptarse a ella; otros la adoptan de buen grado, de manera indiscriminada, sin analizar si realmente ella es necesaria o si produce un cambio positivo. En ambos casos se olvida que lo importante no es lo que las máquinas hacen para nosotros, sino lo que nosotros hacemos con ellas.

Estas posiciones no son nuevas; por el contrario, siempre que una nueva tecnología emerge y se introduce en la vida diaria, transformándose en una herramienta de uso común, se plantean discusiones similares. Las opiniones de dos escritores del siglo pasado constituyen un buen ejemplo. En 1851, cuando hacía poco se había popularizado el telégrafo, Nathaniel Hawthorne se refería a él con términos entusiastas: "Por medio de la electricidad, el mundo de la materia se ha convertido en un gran nervio, vibrando a lo largo de miles de millas en un instante efímero de tiempo. El globo terráqueo es ahora un enorme cerebro, imbuido de inteligencia."

En cambio, Henry David Thoreau, en su libro de 1854 Walden o la vida en los bosques, escribía: "Nos damos mucha prisa para construir un telégrafo entre Maine y Texas, pero Maine y Texas, tal vez, no tienen nada importante que comunicarse. Pareciera que lo importante fuera hablar con rapidez y no hablar sensatamente. Estamos anhelando tender un cable debajo del Atlántico para acercar en unas semanas el Viejo

Mundo al Nuevo; pero quizás una de las primeras noticias que lleguen al amplio y agitado oído americano, será que la princesa Adelaida tiene tos convulsa."

La fe ciega en los avances de la ciencia que, según los optimistas del siglo diecinueve, garantizaban el movimiento ascendente de las superestructuras del espíritu, se reveló lamentablemente utópica. La sociedad no es un cuerpo macizo en constante mejoría, en proceso de perfeccionamiento sin fin. Esta confianza en la razón se originaba en un pensamiento reductor y determinista que escindía al hombre y también al cosmos en vez de comprender la interrelación de todo con todo, como intuyó genialmente Pascal.

Una de las máximas preferidas por aquellos optimistas, y que todavía tiene predicamento, reza: "el tiempo es oro". Se cree que ahorrar tiempo es bueno; que la lentitud es negativa y la velocidad un valor supremo. Nadie ignora que los servicios de información de todo tipo se extienden a escala planetaria y las industrias de las telecomunicaciones han devenido las vedettes de la economía mundial, como sucedía con el protagonismo de los ferrocarriles hace 150 años. Gregorio Weinberg ha señalada al respecto: "La locomotora simbolizó de algún modo la furia, el ímpetu modernizante de los nuevos sectores dirigentes. El ferrocarril fue una realidad y también un mito; el progreso, sinónimo de locomotora o ferrocarril, dejó atrás las mulas y las carretas, y nuestros países comenzaron a experimentar, como se decía entonces, el vértigo de la velocidad." Los conceptos de Weinberg pueden desplazarse al presente trocando "locomotora" por "computadora" y "trenes" por "telecomunicaciones".

La tecnología pareciera adquirir a veces una dinámica propia. Es común creer que los caminos que siguen la ciencia y la tecnología están por encima de las personas, sus deseos o sus expectativas. La historia nos demuestra, sin embargo, que el desarrollo de las innovaciones está mucho más estrechamente relacionado con cuestiones políticas, sociales y económicas que con argumentos meramente técnicos. Toda innovación recorre en general senderos sinuosos que resultan primordialmente del uso particular que la gente hace de ella. La tecnología no se aplica en un vacío social, independientemente de los valores y propósitos que conforman a la sociedad del momento, sino que está íntimamente marcada por las decisiones humanas. Es un lugar común decir que las revoluciones devoran a sus líderes porque, una vez puestas en marcha, resulta imposible controlar las fuerzas desatadas y se corre el riesgo de que se vuelvan en contra de quienes las liberaron.

El mundo actual está clamando por nuevas miradas que arrojen luz sobre el curso, confuso y enredado, de las cosas. El ejercicio de la ingeniería, entretejido con lo humano en su totalidad, necesita también esa elucidación por la mirada. La ingeniería está en plena transformación y depende, como nunca antes, de actividades diversas tornándose un imperativo su inserción reflexiva en el contexto cultural. En esta línea, este texto es una preciada invitación a comenzar esta apasionante travesía.

ING. HORACIO C. REGGINI

Miembro de número de la Academia Nacional de Ciencias Exactas, Físicas y Naturales, de la Academia Nacional de Educación y de la Academia Argentina de Letras.
Miembro titular de la Academia Argentina de Artes y Ciencias de la Comunicación y miembro correspondiente de la Academia de Ingeniería de la Provincia de Buenos Aires.

Introducción

El magnífico estudio de Gustavo Giuliano acerca de tecnología es un claro y sistemático ejemplo paradigmático de una sensata aproximación crítica a la tecnología. Es, por añadidura, una muestra del importante lugar que debe tener hoy una defendible filosofía de la tecnología.

La filosofía, etimológicamente "amor a la sabiduría", presupone la aspiración a tomar conciencia de la necesidad de abordar críticamente una determinada área de la actividad humana y discutir acerca de ella las prescripciones normativas para que los humanos operen adecuadamente en ella. Sabiduría no sólo involucra conocimiento apropiado sino, además, capacidad para abordar las consecuencias del mismo de modo de hacerlas funcionales a una mejor y plena vida humana en solidaridad.

Es más: en toda educación que se precie de tal, debe haber hoy un lugar inalienable para tal estudio crítico de la tecnología. No sólo por las obvias consecuencias desastrosas globales de una descuidada utilización de la misma, sino por el modo en que ha llegado a dominar nuestro estilo de vida, el cual es hoy inconcebible sin ella.

No hay vuelta atrás, pues ello sería antihistórico y es claramente utópico pensar en la posibilidad de volver atrás la historia. Pero puede no haber "adelante" si no reflexionamos acerca de ella para concebirla, diseñarla, producirla y aplicarla mejor. Todo ello requiere de un sistema de valores a respetar cuya discusión desde múltiples perspectivas es cada vez más urgente e impostergable.

Si no fuera así, le daríamos la razón a dos de las peores versiones extremistas: a un tecnocratismo rústico y adormecedor que reduce toda la razón humana a razón instrumental científico-tecnológica y que va de la mano a un estilo de vida donde "ser" es identificado con "tener" y bienestar es igualado a confort y consumismo, o a una postura anti-ciencia y anti-tecnología paralizadora de todo cambio y posible contribución científico-tecnológica para una vida mejor.

Todo ello es contemplado sagazmente en el estudio de Giuliano, el cual, luego de sintetizar claramente las principales preguntas y las más importantes versiones filosófico-críticas acerca de la tecnología, en general, y de la ingeniería, en particular, nos permite concluir las siguientes notas mínimas para un estudio crítico aceptable de la tecnología.

No finalismo. La tecnología no es un fin en si misma. Debería idealmente ser siempre medio para lograr mejoría económica, aumento en las libertades políticas y mayor bienestar social. Esto no significa que la tecnología sea meramente un medio. Es hoy el ámbito o entorno valorativamente cargado por lo político, lo social, lo económico y lo cultural donde se desarrollan nuestras vidas. A modo de ejemplo, cabe enfatizar el carácter relevante de sus relaciones con lo económico. Por una parte, la innovación tecnológica es imprescindible para el desarrollo de las sociedades de mercado, pues es el principal motor del aumento de la ganancia. Además, la dependencia del avance tecnológico en un determinado lugar es también obvia: por ejemplo, si el gobierno sobrevalúa la moneda, las empresas locales tendrán un incentivo para importar tecnología extranjera en vez de desarrollar su propia tecnología. Ni qué hablar de la relación con lo cultural. Por ejemplo, la transferencia de tecnología a un entorno conformado por una herencia histórica muy diferente y con otro sistema de valores, genera un tipo de alienación colectiva de notable magnitud.

Multidimensionalidad. Toda aproximación fructífera no distorsionadora a la tecnología debe contemplar no sólo la dimensión técnica, sino también la axiológica (acerca de los distintos valores pertinentes), epistemológica (sobre las características y estructura del conocimiento tecnológico), así como la de su incidencia política, social y cultural, muy especialmente lo que se ha de considerar proceder racionalmente en esos ámbitos.

Complejidad. Las anteriores notas hace muy compleja toda decisión en las instancias o etapas de concepción, diseño, producción y aplicación tecnológica para la cual no hay algoritmo decisorio, o sea no hay conjunto alguno de reglas que permitan mecánicamente establecer qué hacer.

Flexibilidad. Deben tomarse en cuenta siempre las circunstancias y condiciones de realizabilidad de dichas instancias, adaptando las pautas utilizadas al problema tratado y su contexto.

Externalismo. Los valores a tomar en cuenta en toda decisión tecnológica no pueden ser sólo los "interiores" a la tecnología (eficiencia, calidad, simplicidad, etc.) sino también "externos" a la misma, o sea, aquellos valores funcionales a una mejor vida en el entorno natural y social. El valor último, por ende, ha de ser la reproducción de la vida humana en plenitud y a largo plazo.

Interrelacionismo. Por una parte, con las ciencias sin desembocar en el endiosamiento de la tecnociencia ni de los programas de "investigación y desarrollo". Por otra parte, interrelación entre ser humano y naturaleza sin concebir a esta última como un mero depósito de recursos a ser explotados, ni mucho menos, un depósito de desechos.

No progresismo. Es decir, el de tipo rústico que identifica cambio deseable con obsolescencia planeada y progreso con mayor bienestar económico, sin negar la existencia de progreso tecnológico cuya caracterización es mucho más sutil.

Antireduccionismo. Léase, fuerte rechazo de la reducción de todo problema a problema científico o tecnológico y de la reducción de la razón humana a razón medio-fines, cuando lo más importante es la discusión racional de los fines, cosa que raramente se hace y se decide entonces usualmente en términos de diferencias de poder.

Pluralismo. Necesidad de una multiplicidad de perspectivas filosóficas acerca de la tecnología, lo que enfatiza la multidimensionalidad y complejidad de los problemas imposibles de ser abarcadas en una única y comprensiva aproximación filosófica.

Futurismo. Necesidad de nuevas versiones del conocimiento y de la ética para el futuro. Ahora, no se debe simplificar la ética limitándola a las relaciones entre humanos, sino que debe abarcar los modos en que deben tratar los humanos a la naturaleza, en aras de que siga mejorando nuestra vida lo cual incluye la de nuestro entorno. La naturaleza humana, inclusive, no ha permanecido incambiada por la tecnología (desafíos y conquistas de la investigación genética). Lo mismo ha sucedido con el conocimiento y su sujeto. Las computadoras y su desarrollo, por ejemplo, han obligado a discutir en qué consiste la identidad individual así como el conocimiento, ahora materializado en bits de información y transformado en una mercancía más. Una filosofía plausible de la tecnología debe invitarnos a ser cada vez más prudentes y mejor informados en nuestras decisiones. Una norma ética deseable al respecto es que debe haber en el futuro un mundo adecuado para una humanidad merecedora del nombre "humano". Ello invita a un nuevo tipo de responsabilidad y de humildad producto no de nuestra pequeñez sino del enorme exceso de nuestro poder sobre nuestra capacidad de predecir y juzgar. La política no escapa a la necesidad de su renovación hacia el futuro. Hoy dicha política se ocupa básicamente del aquí y ahora casi inmediatos. Lamentablemente, el futuro no tiene fuerza política, y los aún no nacidos carecen de capacidad de lobby.

Conflictivismo. Es común que no haya consistencia sino conflicto de valores en la operatividad de la tecnología. Por ejemplo, la automatización de la producción es apropiada en cuanto al objetivo de maximizar ganancia, pero inapropiada para reducir desempleo. No es cuestión de disponer de tecnología e incrementarla, sino de tener y mejorar tecnología apropiada generando el menor número posible de conflictos entre valores.

Antifatalismo. La situación contemporánea no es resultado necesario de ningún desarrollo ineluctable con lógica inviolable alguna. Es fruto de decisiones políticas contingentes, buscando la mejor decisión dadas las circunstancias. La tecnología no está condenada a ser ni dañina exclusivamente ni panaceas para llevarnos a la felicidad última.

De ahí que la pregunta central para una filosofía hacia el futuro sea cuál es el sistema de valores definiendo el tipo de vida para nosotros y el planeta en que vivimos.

Para responderla, ¡aleluya!, no hay otra vez algoritmo decisorio ni solución única y última. Sólo cabe continuar con la reflexión crítica con la mayor participación posible de todos, poniéndonos siempre en guardia contra la lamentable frase del aún más lamentable Josef Stalin: "La tecnología resuelve todos los problemas".

DR. RICARDO J. GÓMEZ
California State University
Los Angeles

Alcances y objetivos

Este libro introductorio propone una búsqueda a través de diferentes corrientes conceptuales que se han preocupado por pensar la tecnología. Es a su vez un intento de sacar a la luz alternativas que permitan distintas maneras de relacionarse con el objeto técnico y a éste con la sociedad y la cultura. Llamativamente fueron muy pocos los filósofos y pensadores que dedicaron esfuerzo en esclarecer el cotidiano campo de la técnica y sus implicaciones directas sobre la humanidad. En cuanto a los tecnólogos, fue recién a partir de la segunda mitad del siglo XX que los ingenieros comenzaron a mostrar algún interés en reflexionar sobre las consecuencias de su saber. En Europa, luego de las atrocidades de la segunda guerra, a través del comité de "Humanidad y Tecnología" de la Asociación de Ingenieros Alemanes (VDI) y en Estados Unidos de Norteamérica con la creación de la Society for the History of Technology junto con la cual comenzó la publicación periódica de la revista "Technology and Culture".

Si bien en las últimas dos décadas se han generado contribuciones importantes, aún hoy numerosas preguntas relativas a la tecnología no cuentan con respuestas claras y permanecen alejadas de los ámbitos de formación técnica. Esta ausencia de reflexión crítica en una realidad cada vez más abrumada por los supuestos avances tecnológicos, no es meramente formal, sino que depara consecuencias peligrosas para el desarrollo social y humano. Interrogar a la tecnología en busca de respuestas que fundamenten la acción técnica se torna cada vez más imperioso:

¿Qué se entiende por tecnología? ¿Qué relación guarda con la ciencia? ¿Cómo se desarrolla su conocimiento? ¿Es políticamente neutral? ¿Cuáles son sus valores? ¿Tiene algún compromiso estético? ¿Cuáles son sus consecuencias sobre la cultura, la sociedad y el medioambiente? ¿Está teñida de ideología? ¿Tecnología para qué y para quiénes? ¿Ha devenido autónoma? ¿Ha perdido el rumbo? ¿Qué se entiende por progreso tecnológico? ¿Se ha convertido en una mera herramienta generadora de innovaciones útiles para el sistema económico hegemónico?

Como punto de partida para elaborar posibles respuestas a estos cuestionamientos, este trabajo avanza en el análisis de los tres ejes clásicos en donde se centran los estudios sobre la tecnología, estos son la demarcación con la ciencia, la supuesta autonomía de su desarrollo y la cuestión de la neutralidad valorativa. Por otra parte postula que la ingeniería, como sucede con la física para la filosofía de la ciencia, ocupa un lugar de especial relevancia dentro del universo tecnológico, por lo que la reflexión sobre esta disciplina se torna interesante de ser abordada en su problemática particular, con miras a poder transferir a la tecnología las enseñanzas que se obtengan de su estudio. Se marcha así a través de un abordaje plural de forma tal de lograr abarcar la complejidad temática, asumiendo que los enfoques epistemológicos, históricos y sociológicos de algunos autores permitirán ir más allá del pragmatismo clásico del sentido común. En otra línea, se sostiene que la complejidad epistémica de la ingeniería permite también estudiar la vinculación de la tecnología con la técnica clásica y con el arte, al notar que su conocimiento se encuentra en la confluencia de múltiples disciplinas científicas que le son presupuestas, como la física, la matemática y la química entre otras, y el saber hacer propio de las técnicas artesanales.

En el primer capítulo se aborda la escurridiza cuestión de la demarcación entre ciencia, técnica y tecnología y se analizan dos posiciones antagónicas, la de Joseph Pitt y la de Fernando Broncano. En la sección siguiente se introduce la mirada desde la filosofía, que se interroga por la esencia de la técnica y su aparente automatismo, incluyéndose aquí los pensamientos de José Ortega y Gasset expresados en su magnífica

"Meditación de la Técnica" y de Martin Heidegger incluidos en la misteriosa "Pregunta por la Tecnología", se hace una exposición de la visión desalentadora del teólogo francés Jacques Ellul y por último se realiza una aproximación a Lewis Mumford.

El capítulo siguiente está dedicado a la línea epistemológica que se pregunta por el tipo de conocimiento que subyace en la tecnología y que se preocupa por encontrar indicadores objetivos de progreso. Se recorren la posiciones sostenidas por Mario Bunge y Miguel Ángel Quintanilla, matizadas con algunos comentarios críticos extraídos de los trabajos de León Olivé. Seguidamente se aborda la mirada desde la sociología de la técnica y su interés por aprehender la vinculación cultural del proceso de diseño, básicamente los estudios empíricos de Webe Bijker y la escuela más radical de Bruno Latour.

A continuación se presenta una perspectiva de responsabilidad política y su pregunta por los efectos sociales de la tecnología, reinaugurada por Langdom Winner y Andrew Feenberg. Pasando brevemente por la erudita tesis de David Noble sobre la relación entre tecnología y religión, el recorrido culmina con un estudio sobre epistemología de la ingeniería desde la lectura de tres autores que se interrogan por su disciplina: Walter Vincenti, Eugene Ferguson y Louis Bucciarelli. Finalmente, en la etapa de las conclusiones, se aplican las características detectadas en el saber hacer del ingeniero para cuestionar las posiciones presentes entre las distintas visiones de la tecnología, buscando los acercamientos que permitan enunciar algunas directrices para avanzar hacia una posible síntesis.

Se ha optado por mantener las citas de los autores estudiados en el idioma de los textos originales, por lo que gran parte de ellas se encuentran en inglés. De todas maneras, sobre el final del libro, se ha incorporado un apéndice en el que se encuentran sus traducciones al castellano.

El libro está dirigido a todas aquellas personas que sientan inquietudes por analizar el desarrollo y las consecuencias del avance tecnológico y está especialmente pensado para ser de utilidad a los estudiantes de las disciplinas técnicas, en tanto les pueda brindar un marco en el cual dar sentido a sus conocimientos instrumentales. En esta línea, y ante la escasa propuesta existente en español sobre la temática, se espera que este texto resulte de interés como bibliografía básica de materias introductorias a la ingeniería, a la metodología del aprendizaje y al conocimiento científico y tecnológico en general.

G.G.

La cuestión de la demarcación

Ciencia, Técnica y Tecnología. Una cuestión de definiciones

Cuando se comienza a profundizar sobre estos temas, la acumulación de lecturas pone rápidamente en evidencia una disparidad de criterios de demarcación entre lo que suele llamarse en el lenguaje coloquial ciencia, técnica y tecnología. Algunos autores prefieren no hablar de tecnologías sino sólo de técnicas, otros no utilizan el plural y hablan simplemente de técnica o de tecnología. La ciencia, a su vez pura (básica) o aplicada, se confunde con la tecnología y todas estas categorías varían a su vez con el período histórico analizado y con las diferentes concepciones de lo se supone "es" la ciencia. Semejante panorama lleva a plantear seriamente la cuestión acerca de si efectivamente, para pensar y actuar sobre estos temas, es necesario disponer de un criterio de demarcación preciso. Se trata de un problema epistemológico muy antiguo y, sin pretender profundizar en él, se considerará para seguir adelante que no es posible escaparse del relativismo del marco, esto es que las definiciones se deben entender siempre como intentos de comprensión referidos a un contexto histórico, cultural y/o ideológico en particular. Con esto presente resulta claro que la cuestión pasa ahora por elegir un marco y comenzar a trabajar dentro de él. Ahora bien ¿qué marco elegir y por qué? Héctor Ciapuscio, citando a Mc Ginn[1], dis-

1 Ciaspuscio, 1999, pp. 54-55.

tingue cuatro posibles ángulos desde dónde se pueden abarcar las cuestiones referidas a la ciencia y la tecnología:

Tecnología	Ciencia
Productos materiales de fabricación humana. Artefactos en sentido estricto.	Cuerpo de conocimientos organizados, bien fundado, sobre fenómenos naturales.
Complejo de conocimientos, métodos, materiales y artefactos utilizados en una cierta clase de técnica.	Campo de investigación sistemático de la naturaleza.
Como forma de actividad cultural humana que es practicada por los tecnólogos.	Como forma de actividad cultural humana que es practicada por los científicos.
Como la empresa de una sociedad que destina presupuesto y recursos en investigación desarrollo, producción y operación de técnicas.	Como la empresa de una sociedad que destina presupuesto y recursos en la comprensión del mundo natural.

TABLA N° 1: posibles marcos de referencia para la cuestión de la demarcación.

Al no disponerse de una única definición universalmente consensuada ni para la ciencia ni para la tecnología, resulta evidente que existirá más de una respuesta posible al problema de la demarcación, de hecho podrán surgir tantas como combinaciones posibles existan de las diferentes concepciones de estos términos. Así puede llegarse racionalmente a conclusiones contradictorias: no hay diferencias entre ambas, existen diferencias de naturaleza y no de método, son actividades jerárquicamente diferentes, son independientes, son interdependientes, la tecnología es ciencia aplicada, la ciencia es tecnología teórica y así siguiendo. Se está ante el viejo problema del silogismo, es decir que nada se puede decir de la verdad de la conclusión sin antes asegurar la verdad de las premisas, sólo se puede opinar sobre lo correcto del mecanismo deductivo. Podría graficarse entonces el problema de la relación ciencia-tecnología empleando diagramas de Euler-Venn donde quedan explícitas las cinco posibles alternativas que abarcan desde la exclusión mutua hasta la subsunción completa, como se muestra en la figura 1.

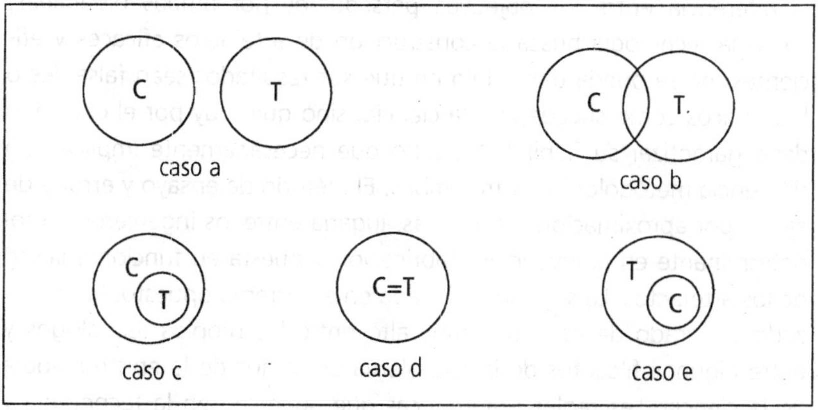

FIGURA N° 1: las cinco posibles relaciones entre ciencia y tecnología.

Dos visiones antagónicas sobre la tecnología

Dejando en claro la relatividad presente en cualquier elección del marco de referencia y con el fin de avanzar en la compresión de la tecnología, se avanzará en en el análisis de dos posturas antagónicas: la de Joseph Pitt y la de Fernando Broncano. La elección de estos dos autores se sustenta en el interés particular de analizar dos posibles relaciones, muy difundidas, que vinculan la ciencia y la tecnología:

1) la que considera que la tecnología y la ciencia son formas de conocimiento diferentes;
2) la que considera que la tecnología es ciencia aplicada y por lo tanto comparten una estructura en común.

La primera de ellas suele ser defendida por los historiadores de las técnicas quienes han encontrado en el desarrollo de las ideas y la concepción de los diseños más radicales una antelación de éstos a las explicaciones científicas sobre su funcionamiento[2]. Otra defensa hace uso de la diferencia entre los objetivos perseguidos por ambas disciplinas; como la tecnología busca la construcción de artefactos eficaces y eficientes, no se pueda dar el lujo de que sus resultados sean falsables o hipotéticos como sucede con la ciencia, sino que muy por el contrario debe garantizar su fiabilidad, hecho que necesariamente implica una diferencia metodológica entre ambas. El método de ensayo y error y de ajuste por aproximaciones sucesivas, jugaría entre los ingenieros un rol determinante en la invención, fabricación y puesta en funcionamiento de los artefactos. La segunda, ubicada en el extremo opuesto, ha alcanzado un grado de consenso muy alto entre los propios tecnólogos y entre algunos filósofos de la tecnología derivados de la epistemología de la ciencia. Las reglas pragmáticas que aparecen en la tecnología y que ordenan o prescriben acciones, se derivan, sostienen, del conocimiento acerca del comportamiento de los sistemas que nos brinda la ciencia. El "saber cómo hacer" se diferencia del "saber hacer", ya que conocimiento y habilidad son dos dimensiones presentes en las acciones tecnológicas que transcurren en ejes diferentes, el cognoscitivo y el de la acción[3].

2 Un buen ejemplo utilizado por los defensores de esta postura se encuentra en el desarrollo del triodo de vacío por Lee De Forest en 1906, con el cual se da comienzo a la revolución de la electrónica. Esta invención antecedió a la comprensión científica del fenómeno involucrado (la emisión termoiónica), debida a Thompson algunos años después. Ver Bruno Jacomy, pp. 313-314.

3 Quintanilla, p. 41.

La visión de Joseph Pitt

En su libro "Thinking about Technology" Joseph Pitt insiste en la importancia de realizar un enfoque epistemológico sobre las cuestiones tecnológicas que permita trascender las críticas sociológicas e ideológicas que suelen hacérsele. Para poder ir más allá de estas críticas se debe empezar por evitar el uso de dos concepciones muy empleadas que serían erróneas: la idea de que la tecnología "es una sola cosa" y la idea de que es fundamentalmente dependiente de la ciencia. En lo metodológico, y ante la indeterminación que subyace entre la evidencia y la teoría, reconoce que la mejor vía para aproximarse a la comprensión del conocimiento que detenta la tecnología es el abordaje operacional y pragmático, entendiendo a éste como el análisis de la capacidad técnica de realizar acciones eficaces: para intentar comprender la diversidad tecnológica es preferible el análisis de métodos exitosos en lugar de la búsqueda de proposiciones universalmente verdaderas[4]. Respecto a la relación existente entre ciencia y tecnología sugiere que se suelen sostener tres conjeturas también erradas que llevan a falsas conclusiones:

1) la de que es posible una distinción entre conocimiento teórico y aplicado, dónde la ciencia representaría el lado teórico o "puro";
2) la de la existencia de un orden jerárquico que coloca al conocimiento teórico como superior al aplicado;
3) la que caracteriza a la tecnología como conocimiento aplicado.

Según su forma de ver las cosas, ni la ciencia es conocimiento puro, ni la tecnología es conocimiento aplicado, ni tiene sentido atribuir orden jerárquico alguno a estos asuntos. Desde su enfoque, la ciencia no es "pura" desde el momento en que utiliza teorías y éstas a su vez se basan en hipótesis, las que a su vez acarrean preconcepciones que varían a lo largo del tiempo. Tampoco cree que pueda ser considerada "pura" en el

4 Pitt, 2000, p. XII

sentido de que busca el conocimiento por el conocimiento mismo, ya que considera que esta posición no se puede sostener mientras se acepte que la producción de conocimiento está fuertemente fundada en una compleja actividad comunitaria atravesada por múltiples intereses. Con referencia al supuesto de que la tecnología es ciencia aplicada, argumenta que esta posición es incompatible con los estudios históricos que han demostrado en numerosos campos que la construcción y utilización de artefactos y complejos sistemas tecnológicos o bien han antecedido a las explicaciones científicas sobre su funcionamiento, o bien no se basan en conocimiento científico alguno[5]. Por otra parte, si se considera a la tecnología en un sentido amplio, que no se agota en los instrumentos utilizados por los científicos sino que abarca también a su infraestructura burocrática en tanto herramienta para un fin, se llega contrariamente a la conclusión inversa de que la ciencia es dependiente de la tecnología. Concluye:

> "If anything, the relation between science and technology is symbiotic and mutually nurturing, with theory and mechanisms feeding on and fueling each other under the influence of and in response to a variety of cognitive, social, and economic pressures." (Pitt, 2000, p. 6)

Por otra parte, rechaza la definición que caracteriza a la tecnología como "la organización del conocimiento para la obtención de propósitos prácticos"[6] ya que considera, como se dijo, que para él no existe conocimiento puro en abstracto sino que siempre el conocimiento persigue alcanzar algún fin práctico; luego, quitando la redundancia, la definición mencionada resulta reducida a "la organización del conocimiento". Sin embargo el conocimiento es por definición organizado, luego, "tecnología es conocimiento" construcción que no ayuda demasiado a avanzar en la cuestión. En busca de una nueva definición que abarque la

5 Pitt menciona al telescopio de Galileo y a la red vial y de acueductos romanos.
6 Debida a Emmanuel Mesthene.

complejidad multidimensional que le atribuye, llega, mediante la siguiente secuencia, a su definición amplia:

- Una herramienta es un mecanismo cualquiera (no necesariamente material).
- Tecnología es el uso de herramientas para lograr fines específicos.
- La raza humana cuando trabaja hace uso de herramientas.
- Luego, tecnología es humanidad trabajando.

La primera impresión es que esta definición por ser tan abarcativa y general resulta inútil. Sin embargo Pitt enfatiza que no lo es, sino que muy por el contrario resulta la clave para comenzar a construir la caracterización del concepto buscado. Una característica saliente es que distingue entre las herramientas y su uso:

> "The tools themselves are not the technology; it is the use to which they have been put that marks out a technology, and it is people who do the puting to some use for some purpose." (Pitt, 2000, p. 12) **A.2**

En cuanto a lo que considera como "trabajo" para su definición de tecnología limita este concepto al "diseño y producción en forma deliberada de los medios que permitan manipular el entorno para satisfacer las necesidades y los propósitos humanos."

Volviendo a la relación entre ciencia y tecnología, Pitt no sólo se queda con la explicación derivada de los estudios históricos, sino que insiste en buscar una relación conceptual, epistemológica, a través de la cual demostrar no sólo que la tecnología no es ciencia aplicada sino que el conocimiento tecnológico antecede al científico en el sentido de que no sería posible la ciencia moderna sin la herramienta tecnológica que sustenta su infraestructura formal actual. La estrategia que adopta para demostrar esta relación consiste en buscar la contraparte tecnológica de los conceptos utilizados por los estudiosos de la ciencia y ver que correlato guardan entre sí; de no existir semejanza, la tecnología no podría reducirse a la ciencia. No se procederá en este trabajo a realizar todo el recorrido, el que está muy bien expuesto en su libro[7], pero sí se adelanta el resultado: no encuentra semejanza en ninguno de los conceptos analizados. Para poner en práctica esta metodología de análisis reconoce en el ingeniero a la contraparte de la figura del científico; como sucede en ciencia, la ingeniería no es "una sola" sino que se divide en varias especialidades, así como también existen asociaciones y publicaciones específicas que agrupan a los ingenieros como comunidad. Llega a las siguientes conclusiones:

1) No existe contraparte con los cambios sufridos en la organización de la ciencia luego de la segunda guerra mundial (pequeña ciencia vs. gran ciencia, según Price). Las instituciones tecnológicas ya estaban maduras para esa época.
2) Los grandes proyectos de ingeniería que requieren para su instrumentación del trabajo mancomunado de grandes grupos, son anteriores a la gran ciencia posterior a la segunda guerra.
3) La naturaleza del conocimiento científico es teoría-dependiente y es desarrollado para entender cómo es el mundo. La naturaleza del conocimiento tecnológico es tarea-dependiente y es desarrollado para resolver problemas específicos a través de la construcción de artefactos.
4) El conocimiento en ingeniería es transportable entre paradigmas ("cookbook engineering"), mientras que el científico no lo es (inconmensurabilidad).
5) La explicación tecnológica y la explicación técnica difieren de la científica. Mientras esta última busca encontrar relaciones causales de aplicación universal, la explicación tecnológica se refiere –en función de la definición elegida– a la relación y al comportamiento entre las personas. Por último la explicación técnica busca

7 Pitt, 2000, capítulos 3 y 4.

entender fenómenos particulares sin pretender universalidad (por qué se cayó tal puente, por qué funciona tal máquina, por qué se produjo tal consecuencia no deseada).

6) El proceso de diseño –contraparte del método científico– es un complejo de decisiones técnicas y de gerenciamiento que se influyen mutuamente y que por lo general se aleja de la imagen de comportamiento racional que se le atribuye a la actividad científica. Pitt llama a esto "el Mito del Ingeniero".

Finalmente se atreve a postular que es la ciencia quien depende de la tecnología, ya que la investigación científica es sólo una forma de "humanidad trabajando" y por ende queda inevitablemente subsumida por ésta.

La visión de Fernando Broncano

En busca de una clave para abordar el tema, Fernando Broncano, en su texto "Mundos Artficiales", procura encontrar una característica que identifique a la tecnología del resto de las actividades cercanas con la que se confunde. Postula que ésta es "su capacidad de abrir posibilidades y crear oportunidades". La tecnología es ante todo un espacio de alternativas posibles, que, a diferencia de las técnicas, está conformado por un sistema de instituciones que no ha existido siempre, sino que es un producto de la sociedad contemporánea constituido con los materiales de otras instituciones pre-existentes. Según él, la tecnología también conlleva un modo especial de representación de la acción futura, "la representación puesta a prueba mediante conjeturas y refutaciones", lo que lleva a pensar que Broncano pretende sostener un paralelismo con el método de la ciencia defendido por Karl Popper. Haciendo alusión a las posturas que afirman la existencia entre ciencia y tecnología de diferencias metodológicas y en la naturaleza del conocimiento, Broncano toma una posición clara, si bien no desarrolla –al menos en el trabajo analizado– una justificación muy elaborada sobre la misma:

"Estas dos posiciones tienen una parte de verdad y otra de error. La primera tiene razón cuando insiste en que la ciencia y la tecnología se distinguen radicalmente por sus distintos objetivos, la explicación en un caso y la transformación práctica en el otro; tiene razón también cuando insiste en los diversos valores que usamos para evaluar una y otra, pero yerra cuando afirma que se produce una diferencia en el método. Al contrario, la forma de innovación que introduce la tecnología es la aplicación del método científico a la praxis humana." (Broncano, 2000, p. 87)

Respecto a la diferencia de objetivos, sostiene que si bien es cierto que una persigue la fiabilidad de sus artefactos y la otra la capacidad explicativa, esto no lleva necesariamente a una diferencia metodológica. De hecho, argumenta, la tecnología hace uso de las teorías fiables desarrolladas por la ciencia las cuales son el resultado de los avances científicos que, en una búsqueda constante de mayor verosimilitud, delimitan cada vez mejor el campo de acción de las teorías más antiguas así como identifican con más precisión sus limitaciones. En cuanto a los valores, por ejemplo eficiencia vs. verosimilitud, no invalidaría el compartir una misma metodología interna, entre la que destaca la construcción de modelos, que en el caso de la tecnología servirían para corroborar la fiabilidad de los artefactos. De todas maneras no queda en claro qué es lo que entiende por método, ya que en una nueva estrategia para justificar su hipótesis dice:

"Si entendemos método como baterías de control de calidad, teóricas en una, prácticas en la otra, las diferencias entre ciencia y tecnología no se encontrarán en el método, no al menos en mayor grado del que las diferentes ciencias difieren entre sí." (Broncano, 2000, p. 88)

Tampoco considera suficiente para abandonar su postura la existencia en tecnología de reglas nomopragmáticas[8], ya que considera que las

8 Reglas que ordenan o prescriben acciones sobre un sistema para conseguir un objetivo. Ver Bunge.

mismas se derivan del conocimiento que nos brinda la ciencia aplicada sobre el comportamiento de los estados futuros de un sistema. Si bien reconoce que existe una diferencia en cuanto a las propiedades del conocimiento que poseen, esto es que la tecnología transforma la realidad mientras que la ciencia sólo cambia las representaciones de la realidad[9], aduce que esta diferencia no radica en el conocimiento implicado en las acciones sino en las características de los productos de estas acciones, es decir, en las características de los artefactos. Respecto de la naturaleza del conocimiento también desestima como poco importante para una demarcación precisa las características no proposicionales –know kow– que se atribuyen a la tecnología, ya que considera que muchas ciencias también requieren y hacen uso de habilidades semejantes. Concluye: no hay pues diferencia en el método o en la naturaleza del conocimiento, las diferencias están en los productos[10].

Broncano diferencia a la tecnología de las que llama "ciencias de lo artificial" entre las que incluye por ejemplo las teorías matemáticas de planificación económica y social, la inteligencia artificial y la investigación operativa. Si bien considera que son instrumentos desarrollados dentro de un contexto de investigación ingenieril, no pueden ser considerados tecnología ya que trabajan con objetos abstractos y no transforman la realidad –al menos como objetivo principal– sino que transforman la información. Además, sus resultados son utilizados tanto por la ciencia como por la tecnología. Por último, y en cuanto a las diferencias entre técnica y tecnología, argumenta que la relación que existe entre ambas es la misma que la que se desarrolla mediante un ciego proceso de ensayo y error y el conocimiento científico maduro, organizado en complejos programas de investigación:

9 Quintanilla define a las técnicas como sistemas de acciones humanas intencionalmente orientados a la transformación de objetos concretos para conseguir de forma eficiente un resultado valioso (Quintanilla, 1988, p. 34).

10 Broncano, 2000, p. 91

"La tecnología significa el paso de un modo simple de comportamiento racional a un complejo institucional en el que la planificación, la innovación y el control ya nos son patrimonio de las personas particulares sino en cuanto éstas forman parte de instituciones. Las diferencias están en la escala, en la división social del trabajo, en la composición de los planes, en el conocimiento incorporado y en la complejidad del sujeto que produce tecnología." (Broncano, 2000, p. 97)

Este cambio estuvo profundamente relacionado con la emergencia de la actividad del diseño, entendiendo a éste como el desarrollo de un lenguaje abstracto simbólico y de dibujos que permite representaciones precisas de los artefactos así como realizar modificaciones sin necesidad de construir el objeto.

Una mirada desde la filosofía

Carl Mitcham diferencia entre lo que denomina filosofía de la tecnología ingenieril y filosofía de la tecnología humanística[11], incluyendo dentro de la primera categoría a aquellos pensadores que, sin ser ingenuos optimistas, mantuvieron una mirada positiva sobre el avance tecnológico. En los comienzos era usual pensar el proceso técnico desde una perspectiva internalista descotextualizada que por su reduccionismo o "visión de tunel" conducía a una mirada simplificadora en la que la tecnología avanzaba triunfal e inexorablemente sobre la naturaleza generando cada vez más y mejores artefactos al servicio del bienestar de la humanidad. Afortunadamente esta visión fue superada y contribuyó a ello el pensamiento crítico de importantes filósofos e historiadores del siglo XX que han dedicado esfuerzo a esclarecer el complejo mundo de la técnica. Sin pretender agotar la lista –aunque en el mejor de los casos no resulta mucho más extensa– se profundiza aquí sobre José Ortega y Gasset, Martin Heidegger, Jaques Ellul y Lewis Mumford, siguiendo un orden que es simplemente el cronológico de aparición de los textos estudiados, de modo de evitar encasillamientos previos.

11 Elección desafortunada que rotula a los ingenieros como tecnócratas deshumanizados. Ver Mitcham, 1989.

José Ortega y Gasset y la "Meditación de la Técnica", 1939

Según Ortega el hombre decide autocráticamente vivir. Luego, para ello, debe satisfacer necesidades básicas (comer, abrigarse, etc.) cuya solución, en principio, la busca en la propia naturaleza o circunstancia. Si la solución no es proporcionada naturalmente el hombre no se resigna y dispara un nuevo tipo de hacer que consiste en producir lo que no estaba ahí en la naturaleza. Para ello debe ser capaz de desprenderse transitoriamente de las urgencias vitales para dedicarse a actividades que no son, de por sí, satisfacción de necesidades. Sin embargo el hombre no sólo se limita a inventar procedimientos para satisfacer sus necesidades básicas, sino que también crea otros para satisfacer cosas o situaciones que nada tienen que ver con su supervivencia biológica, como las sustancias embriagadoras o los instrumentos musicales, por lo que el concepto de necesidad humana abarca indiferentemente lo objetivamente necesario y lo superfluo. Estas actividades presuponen y llevan en sí la invención de un procedimiento que permita, dentro de ciertos límites, obtener con seguridad, a antojo y conveniencia, lo que no hay en la naturaleza, pero que sí se considera necesario. Este proceso, a menudo, consiste en la elaboración de un objeto y los actos que se ejecutan modifican o reforman la circunstancia o naturaleza logrando que en ella haya lo que no hay (sea que no lo hay aquí y ahora, sea que no lo hay en absoluto):

> "El conjunto de los actos técnicos es la técnica, que podemos, desde luego, definir como la reforma que el hombre impone a la naturaleza en vista de la satisfacción de sus necesidades." (Ortega, 1957, p. 14)

Es así que la técnica es una reacción enérgica contra la naturaleza que lleva a crear entre esta y el hombre una "sobrenaturaleza" que tiene como fin intentar anular las necesidades para que su satisfacción deje de ser un problema. La técnica es lo contrario de la adaptación del sujeto al medio, es la adaptación del medio al sujeto. Implica crear una circunstancia nueva más favorable que la anterior. Más aún, al hombre no le alcanza sólo con estar en el mundo sino que busca el bienestar, al punto tal que su obtención pasa a ser la necesidad fundamental. Estas necesidades superan a las biológicas en gran medida, por lo que a Ortega no le parece exagerado decir que "la técnica es la producción de lo superfluo".

La técnica está orientada entonces a alcanzar el bienestar y siendo éste un término variable, no sólo a través de las personas sino también a través del tiempo, conlleva a que la técnica es también una realidad proteiforme en constante mutación por lo que no tiene sentido buscar en ella una entidad independiente o como si estuviera dirigida por un vector único y de antemano conocido. Además, no se trata sólo de buscar satisfacción sino de lograrla con el menor esfuerzo. La técnica se puede entonces entender como "el esfuerzo para ahorrar esfuerzo". Según Ortega, este afán de ahorro inspira a la técnica. La naturaleza o circunstancia es un sistema de facilidades y dificultades con que el hombre se encuentra y, como para ser hay que actuar, el hombre en la raíz misma de su esencia se encuentra, antes que en ninguna otra, en la situación del técnico. La vida es producción, fabricación y sólo porque éstas lo exigen, después y no antes, es pensamiento, teoría y ciencia: "El hombre hace observaciones para sacar a la luz la posibilidad de máquina que el mundo lleva latente en su materia"[12]. La técnica es el instrumento para llevar adelante el programa pre-técnico que es la vida. Por ello su papel es magnífico, venerable, pero irremediablemente de segundo plano ya que es el programa vital el que define el tipo de técnica a ser desarrollada. Es por ello que variedad de estilos y formas de comprender la vida conllevan necesariamente el desarrollo de técnicas disímiles: la técnica del gentleman es totalmente diferente de la técnica del bodhistava.

Una manera de clasificar la evolución de la técnica es atendiendo a la relación entre ella misma y el hombre. Se tiene así la técnica del azar, la técnica del artesano y la técnica del técnico. En la primera el hombre primitivo ignora su propia técnica como tal, las invenciones obedecen a la probabilidad de ocurrencia de una dada combinación de cosas y

12 Ortega, 1957, p. 44.

hechos presentes en la naturaleza y luego a un proceso de imitación por prueba y error. En la época de los artesanos que ocupa hasta la Edad Media, aún la proporción entre lo técnico y lo no técnico no ha llegado a ser tal que la técnica se haya transformado en la base absoluta de sustentación. Sin embargo los actos técnicos han crecido notablemente respecto del primer estadio y el grado de complicación que alcanzaron hizo que fuera preciso que ciertos hombres se dedicaran por completo a ellos: los artesanos. Sin embargo en la artesanía no se concibe aún la conciencia del invento, es un sistema fijo de habilidades –arte– que se transmiten entre maestros y aprendices. Otra particularidad que se presenta respecto del tercer estadio es que el inventor sólo ha llegado a producir instrumentos y no máquinas. También en esta etapa no se han separado aún las tareas de técnico y obrero, ambas actividades, la invención y la ejecución, están a cargo del artesano. El rasgo principal del último período es que el hombre adquiere conciencia de que lo técnico le abre un mundo de ilimitadas posibilidades, hecho que lo azora y hace que "se le vacíe la vida". El hombre ya no puede vivir sin la técnica que ha creado.

Las técnicas son sólo concreciones a posteriori de la función general técnica del hombre. Para realizarlas es necesario pero no suficiente disponer de un método –tecnicismo– y el de la técnica moderna se diferencia radicalmente del que ha inspirado todas las anteriores, se pasa de la imitación de la naturaleza a su análisis y descomposición, "nace en la misma fecha que la ciencia física y es hijo de la misma matriz histórica (...) la maravilla máxima de la mente humana, la ciencia física, nace en la técnica."[13]

Martin Heidegger y "La Pregunta por la Técnica", 1954

Según Heidegger, si se desea comprender a la técnica se debe buscar su esencia, la que, argumenta, no es de modo alguno algo técnico.

13 Ibid, p. 95.

Para comenzar el recorrido se debe empezar por abandonar la idea de su supuesta neutralidad:

> "En todas partes estamos encadenados a la técnica sin que nos podamos librar de ella, tanto si la afirmamos apasionadamente como si la negamos. Sin embargo, cuando del peor modo estamos abandonados a la esencia de la técnica es cuando la consideramos como algo neutral, porque esta representación, a la que hoy se rinde pleitesía de un modo especial, nos hace completamente ciegos para la esencia de la técnica." (Heidegger, 1994, p.9)

Siendo la esencia de algo aquello que algo es, comienza su análisis con dos definiciones clásicas que se copertenecen: la técnica es un medio para alcanzar fines y la técnica es un hacer del hombre, a cuya combinación llama la definición instrumental y antropológica de la técnica, a la que considera correcta, e incluso aplicable a la técnica moderna[14], más no por ello verdadera. Para llegar a lo verdadero, esto es a la esencia, hay que recorrer la cadena de relaciones: donde se persiguen fines se emplean medios, donde domina lo instrumental allí prevalece la condición de causa, la causalidad. Si bien la definición latina de causa tiene que ver con el efectuar y con el actuar, para el pensamiento griego se relaciona con aquello que es responsable de algo –las cuatro causas Aristotélicas se refieren a esto[15]– en un sentido de ocasionar, de "dejar venir a darse en la presencia", de "pro-ducir", de "traer-ahí-delante", de desocultar lo oculto.

> "La técnica no es pues un mero medio, la técnica es un modo de salir de lo oculto. Si prestamos atención a esto se nos abrirá una región totalmente distinta para la esencia de la técnica. Es la región del desocultamiento, es decir, de la verdad." (Heidegger, 1994, p.15)

14 A diferencia de Ortega que reconoce tres estadios, Heidegger distingue sólo dos: técnicas artesanales y técnicas modernas.

15 La causa material, la formal, la final y la eficiente.

También la técnica moderna, que descansa en las ciencias exactas, es un hacer salir de lo oculto, pero ahora con el carácter de emplazar a la naturaleza en el sentido de la provocación (solicitación hacia la máxima utilización con el mínimo gasto). Para ser desocultado se necesita una cadena de solicitaciones y emplazamientos en la que lo sucesivamente solicitado se encuentre previamente en estado de existencia (reserva). El hombre se ve exhortado por la estructura de emplazamiento –gestell– a desocultar lo oculto, de ahí que la técnica moderna no es ni un mero hacer del hombre ni tan solo un simple medio dentro de los límites de ese hacer[16]. Ante la pregunta por el surgimiento de esta exhortación, Heidegger cree que si bien corresponde al hacer humano, tampoco acontece sólo en el hombre ni de un modo decisivo por él. ¿Quién entonces emplaza al hombre a este desocultar? Se trataría de un "sino", en el sentido de lo destinado:

> "Como provocación al solicitar, la estructura de emplazamiento destina a un modo del hacer salir lo oculto (...) Siempre prevalece en el hombre el sino del hacer salir lo oculto. Pero no es nunca la fatalidad de una coacción (...) se convierte en uno que escucha, pero no en un oyente sumiso y obediente." (Heidegger, 1994, pp.26-27)

No se trata entonces de un destino en el sentido de lo inesquivable, de lo que no se puede cambiar. Se trata mas bien de una cuestión de actitud, de hacer a partir de ahí –de lo desocultado– y es allí donde se encuentra el peligro, "el peligro supremo". El hombre corre el peligro de dejar de percibir a la estructura de emplazamiento como una interpelación y pasar ciegamente a responder a su exhortación y de este modo ahuyentar toda otra posibilidad del hacer salir lo oculto.

> "Lo peligroso no es la técnica. No hay nada demoníaco en la técnica, lo que hay es el misterio de su esencia. La esencia de la técnica, como un sino del hacer salir lo oculto, es el peligro." (Heidegger, 1994, p.29)

16 Hiedegger, 1994, p. 23

Heidegger llama profundamente la atención sobre el peligro del solo pensar calculador por sobre la reflexión meditativa, como lo dice claramente en su discurso "Serenidad" cuando afirma que el verdadero peligro de la era que se avecina radica en que la técnica pueda fascinar al hombre, hechizarlo, deslumbrarlo y cegarlo de un modo tal que un día el pensar calculador pueda llegar a ser el único válido y practicado. La tecnología toma así la forma de un "dogma objetivado" según la lectura que hace Mitcham del texto analizado. Es una forma de rechazo existencial, en el sentido de no prestar atención a lo espiritual o metafísico, de la misma manera en que cualquier dogma niega o ignora los hechos más sutiles del corazón y de la mente. Es por ello que si bien la tecnología no puede ser destruida sí debe ser trascendida, como se trasciende el dolor, y poder llegar así a un distanciamiento, a un estado de "serenidad para con las cosas". Sólo evitando la huida ante el pensar reflexivo y manteniendo una actitud de apertura ante el misterio de su esencia –a través del preguntar– es que se evitará caer en relación de servidumbre con el objeto técnico.

Jacques Ellul y "The Technological Order", 1963

Para Ellul, en la época actual, la técnica reemplazó al capital como fuerza social dominante. En la sociedad tecnológica, la técnica no se trata sólo de máquinas y procedimientos sino que incluye a la totalidad de métodos que apuntan a alcanzar racionalmente la eficacia absoluta en todos los campos de la actividad humana. Sostiene su tesis sobre la naturaleza de la tecnología considerando seis premisas fundamentales:

1) la tecnología se ha transformado en un nuevo *milieu*[16] que reemplaza a la naturaleza;

16 Entorno, medio.

2) este nuevo *milieu* es artificial, es autónomo, está autodeterminado, es causal, privilegia los medios a los fines y todas sus partes están profundamente interrelacionadas;
3) el desarrollo de cada técnica individual es ambivalente, todo progreso exige un precio, resuelve algunos problemas pero genera otros, los efectos dañinos son inseparables de los benignos, se generan efectos impredecibles;
4) todos los fenómenos sociales se sitúan y desarrollan sobre este *milieu*;
5) la tecnología incluye a las técnicas sociales de organización;
6) modifica las ideas, juicios, creencias, valores y mitos pre-existentes.

Tomando como base estas premisas y descartando los asuntos clásicamente planteados, esto es si los problemas del desarrollo tecnológico se solucionan con más tecnología o con menos, si existe oposición entre valores morales y tecnología, si esteriliza al arte o elimina las acciones humanas instintivas, considera que las cuestiones más importantes a abordar son dos: ¿puede el hombre dominar a la técnica? y ¿se generará una nueva civilización? Respecto de la primera de ellas cree que no, que debido al carácter autónomo del desarrollo tecnológico el hombre se ha transformado en objeto de la técnica y no en su sujeto, aceptando pasivamente la dirección que tome el progreso tecnológico sin mayores cuestionamientos. Ni los filósofos, ni los tecnólogos, ni los científicos, ni los políticos pueden dominarla, quizás la única posibilidad es que sea la humanidad en su conjunto la que la controle pero es muy difícil que se pueda lograr la coordinación necesaria:

> "To say that man should remain subject rather than object in the technological society means two things: namely, that he be capable of giving direction and orientation to Technique, and that, to this end, he be able to master it. Up to the present he has been able to do neither." (Ellul, en Mitcham & Mackey, 1983, p. 88)

Con relación a la segunda de la cuestiones, esto es si se puede generar una nueva civilización, si bien reconoce las contribuciones técnicas más obvias cree que existen contradicciones insalvables: la preeminencia de las cosas materiales por sobre las humanísticas y la imposibilidad de que el progreso cuantitativo tecnológico se transfiera al progreso cualitativo del espíritu, la posibilidad de crecer hasta obtener un poder absoluto e ilimitado y la inevitable desaparición de todos los valores, y, por último, el hecho de que la tecnología no engendra más libertad –como suele decirse– sino que la disminuye en la medida en que recorta la autonomía, la iniciativa y la libertad de elección. Todo esto lo lleva a tener una posición pesimista. De todas maneras, y a pesar de lo expuesto, Ellul no comparte la crítica de los nostálgicos acerca de que sería mejor volver al pasado, a la sociedad pre-técnica. No sólo cree que no es deseable sino que además es imposible:

> "All regret for the past is vain; every desire to revert to a former social stage is unreal. There is no possibility of turning back, of annulling, or even of arresting technical progress. What is done is done. Is is our duty to find our place in our present situation and in no other." (Ellul, en Mitcham & Mackey, 1983, p. 91)

Planteado el problema distingue entre dos categorías de actores, los que consideran que la solución vendrá automaticamente junto con el progreso tecnológico y los que creen que será necesario un gran esfuerzo de la humanidad e incluso un cambio profundo en el hombre. En la primera clase incluye a los políticos, científicos y técnicos; a los marxistas que creen que el problema no reside en la técnica sino en la estructura del capitalismo; a los técnicos que creen que el problema es su aplicación a través de falsos valores morales y políticos, y a los economistas que sostienen la tesis de la solución automática. En la segunda clase incluye a filósofos y teólogos, a los que también considera como optimistas ya que a pesar de que afirman la necesidad de actuar para cambiar el desarrollo tecnológico creen que este cambio es posible. Incluye en esta categoría a Einstein y su idea de una especie de "suprema corte de la humanidad" formada por filósofos y científicos; a Bergson y su "necesidad de suplementar el alma" y a los teólogos católicos y la necesidad de que el hombre vuelva a reconocerse como un colaborador y adorador de Dios. Por último cita la posibilidad de la existencia de posturas intermedias como la de Chardin. De todas maneras considera que todas estas son insatisfactorias, que reposan en una visión superficial del proceso tecnológico y en una serie de condiciones necesarias que en la realidad no están dadas. Ellul postula en este texto su tesis de que a medida que el progreso técnico avanza, el problema del dominio de este progreso es cada vez más una cuestión de naturaleza ética y espiritual:

> "In proportion to the degree than man extricates himself from the domain of the material, dominates it, and multiplies thereby the means of exploiting matter, the problem ceases to be one of human possibilities and limits and becomes one rather of knowing which man (or group of men) will exploit technical means, and what will be the enabling moral and spiritual qualities." (Ellul, 1983, p. 95) **A.5**

Para lograr encaminar la instrumentación de esta tesis, Ellul enuncia tres premisas y postula cinco condiciones necesarias:

1) es imposible acordar el uso que el hombre puede dar a un medio técnico disponible;
2) el hombre está integrado dentro del proceso tecnológico;
3) si se desea preservar la dignidad y libertad del ser humano no se deben aplicar técnicas sociales o psicológicas para lograr su transformación.

En cuanto a las condiciones necesarias, éstas son:

- lograr un diagnóstico correcto y una genuina conciencia del problema;

- destruir el "mito de la técnica", quitarle el lugar de ideología suprema y sagrada;
- generar un estado de "despreocupación", de "indiferencia", de "humor", de independencia respecto de ella[18];
- proponer una verdadera reflexión filosófica;
- lograr que esta reflexión llegue a los tecnólogos (un "desafío sobrehumano").

Lewis Mumford y "Techincs and the Nature of Man", 1966

En algún momento del desarrollo de la técnica esta pasó de la construcción de herramientas y armas para el control de las fuerzas de la naturaleza a una condición radicalmente diferente en la que el hombre quedó al servicio de la máquina. Mumford ubica en este lugar el nacimiento de la "megamáquina", una estructura uniforme, abarcadora y diseñada para operar en forma automática. Para explicar este hecho se propone cuestionar la concepción clásica que ve como rasgo distintivo en la naturaleza del hombre primitivo y que lo diferencia del resto de las especies a un "animal que utiliza herramientas" (*homo faber*). Según su razonamiento no hay nada único en la técnica primitiva del hombre, sino que ésta comienza a diferenciarse de la utilizada por otros animales, recién con la aparición del lenguaje, las organizaciones sociales y el diseño estético. Lo que sí lo sitúa en una posición de privilegio es su capacidad de poder controlar todas las partes de su cuerpo, su plasticidad y su gran actividad cerebral, la que lo llevan a canalizar su energía más allá de la búsqueda de alimentación y reproducción y crear así el universo simbólico y cultural que lo diferencia del resto del mundo animal (*homo sapiens*).

"Tool technics and our derivative machine technics are specialiced fragments of biotechnics, and by biotechnices one means man's

18 Esta condición recuerda a la de "serenidad" propuesta por Heidegger.

total equipment for living." (Mumford, en Mitcham & Mackey, 1983, p. 79)

En los orígenes, la técnica estaba centrada en la totalidad de la vida de la que el trabajo formaba sólo una parte estrecha, pero unos cinco mil años atrás se produjo un cambio hacia una monotécnica centrada en una organización rígida de las actividades sociales, una máquina compuesta enteramente por partes humanas organizadas jerárquicamente, la "megamáquina", que tuvo su clímax en la civilización egipcia y que se puso de manifiesto en la construcción de las grandes pirámides. En la actualidad, la megamáquina no sólo ha generado lo que Keynes llamó una "productividad insensata de la tecnología" haciendo referencia a las grandiosas construcciones en la que se invierte el exceso de productividad, sino que también ha aumentado el poder de destrucción con la ampliación de la maquinaria militar y generado el intolerable trabajo repetitivo diseñado para aumentar la eficiencia de la producción. Pero, por sobre todo, ha generado nuevas formas de control social más efectivas y universales:

> "In short, mecanization and regimentation, through labor armies, military armies, and ultimately through the derivative modes of industrial and bureaucratic organization, supplemented and increasingly replaced religious ritual as a means of coping with anxiety and promoting psychical stability in mass population. Orderly, repetitive work provided a daily means of self-control: a moralizing agent more pervasive, more effective, more universal than either ritual or law." (Mumford, en Mitcham & Mackey, 1983, p. 83)

Todo este proceso ha ido haciéndose durante los últimos tres siglos más coercitivo, totalitario, compulsivo e irracional, cerrando progresivamente toda manifestación de la vida contraria a la máquina: "atrás de medios científicos y técnicos absolutamente racionales se persigue un fin equivocado." Si se desea volver a tener una técnica al servicio del desarrollo del hombre, resulta imperioso desarmar la megamáquina y pasar así de una técnica autoritaria a una técnica democrática, realizando una redistribución de poder y autoridad en unidades mas pequeñas factibles de estar sujetas al control humano directo. De esta forma se restablecerá el necesario equilibrio de la biotécnica unificando la naturaleza con el *milieu* técnico[19].

19 Además de esta clasificación política, en su primer y extenso trabajo historiográfico "Técnica y Civilización", divide el desarrollo de la técnica en tres fases sobresalientes: técnicas intuitivas que utilizan agua y viento (aprox. hasta 1750), técnicas empíricas de hierro y carbón (aprox. hasta 1900) y técnicas científicas de electricidad y aleación de metales (hasta el presente).

Una mirada desde la epistemología

En este capítulo se aborda en primer lugar la posición sostenida por Mario Bunge, luego se estudia la concepción estructuralista y la incorporación de los sujetos a través de los sistemas intencionales de Miguel Ángel Quintanilla, acompañados por una crítica desde el pensamiento de León Olivé, expresada a modo de introducción del enfoque constructivista propuesto desde la sociología y objeto de la próxima sección.

La tecnología según Mario Bunge

Para Mario Bunge, en ciencia, sea pura o aplicada, las teorías representan el fin de un ciclo y la guía para el comienzo de nuevas investigaciones. En las artes y oficios, en cambio, o bien están ausentes o bien sólo las partes periféricas de ellas son utilizadas como simples instrumentos de acción. En la técnica moderna, el conocimiento tecnológico formado por teorías, reglas y datos, guía la acción del hombre y este conocimiento surge de la aplicación del método científico a la resolución de problemas prácticos. Según esta visión se generan varios problemas relevantes para el enfoque filosófico, entre los que se destacan tres fundamentales:

1) la validación del conocimiento a través de la eficacia de la acción;
2) la relación entre las reglas y las leyes;
3) las características de los pronósticos tecnológicos.

La cuestión de la validación

Existen, según Bunge, dos tipos de teorías tecnológicas: las "substantivas" y las "operativas". Las primeras son las que proveen el conocimiento para el diseño de artefactos (como las que se usan en la construcción de un motor) y son esencialmente adaptaciones del conocimiento científico a la solución de problemas técnicos concretos. Las segundas tienen que ver con la acción en sí (como la teoría de colas o de distribución óptima) y surgen expresamente para la solución de cuestiones que tienen que ver con las actividades operativas del hombre en sociedad, no son derivaciones de teorías físicas o biológicas de la naturaleza, sino que son teorías en sí, propias de la tecnología, que hacen uso del método científico y del conocimiento ordinario apoyado por aplicaciones de teorías abstractas de lógica y matemática. Aparte del hecho de que las teorías operativas no persiguen fines cognitivos sino prácticos, no difieren en muchos otros aspectos de las teorías científicas, en el sentido de que también utilizan modelos, términos teóricos, información empírica y que son, como éstas, testeables. Vistas desde un ángulo práctico las teorías tecnológicas son más ricas que las científicas, pero desde un punto de vista conceptual son inevitablemente más pobres, menos profundas, ya que no se preocupan por conocer cómo son las cosas realmente sino que se conforman con ser eficientes para lograr el fin buscado. En el dominio de la acción, las teorías científicas profundas resultan ineficientes debido a que con ellas es mucho más laborioso obtener resultados prácticos que con otras más simples aunque "menos verdaderas": se verifica que una teoría puede ser falsa pero exitosa en la acción e inversamente, puede ser verdadera pero fracasar en su utilización práctica.

Existen varias razones posibles por las que una teoría falsa puede ser exitosa, una de ellas es que sólo se esté empleando las consecuencias que se derivan de las premisas verdaderas de la teoría y no de las falsas, otra es que al requerir la tecnología un grado de exactitud menor que el empleado en la ciencia pura, lo que para ésta sería falso, es de todos modos una buena estimación para la práctica. En consecuencia, infinitas teorías rivales posibles pueden tener los mismos resultados prácticos mientras que una sola puede llegar a ser la única verdadera.

> "It is only by distinguishing scientific knowledge from instrumental knowledge, or know how, that we can hope to account for the coexistence of practical knowledge with theoretical ignorance, and the coexistence of theoretical knowledge with practical ignorance." (Bunge, en Mitcham & Mackey, 1983, p. 67)

Lo que sí es cierto según Bunge, es que el conocimiento científico "mejora las chances" de que una aplicación práctica sea exitosa, y que una acción exitosa, por su parte, incentiva la búsqueda de una teoría verdadera.

La relación entre reglas y leyes

Así como las leyes son partes fundamentales de las teorías científicas, las reglas son centrales para las aplicaciones tecnológicas. Una regla prescribe un curso de acción que estipula cómo se debe proceder para lograr un objetivo práctico concreto, en definitiva es una instrucción que indica en qué orden se deben realizar un número finito de acciones cada una de las cuales persigue un fin especificado. De este hecho se deduce que a diferencia de las leyes que son descriptivas e interpretativas, la reglas son normativas. En consecuencia, mientras que las leyes pueden ser más o menos ciertas, las reglas pueden ser más o menos eficaces. Las reglas pueden ser:

- reglas de conducta (social, moral y legal);
- reglas de trabajo precientíficas (artes y oficios);
- reglas de signos (sintácticas y semánticas);
- reglas de ciencia y tecnología ("grounded rules of science").

Muchas reglas de las tres primeras enumeradas son convencionales, en el sentido de que son adoptadas sin estar basadas en razones únicas, sin que por ello sean arbitrarias, sino que dependen del contexto cultural en el que fueron desarrolladas. Las cuartas, en cambio, están basadas en fórmulas empíricas bien fundadas o leyes científicas que dan cuenta de su eficacia, tal que:

enunciado nomológico ⇒ enunciado nomopragmático ⇒ {regla 1, regla 2}

Ejemplo, tomado de Bunge,

> **Enunciado nomológico:** "si la temperatura de un cuerpo magnetizado supera su punto de Curie, entonces se desmagnetiza."
>
> **Enunciado nomopragmático:** "si un cuerpo magnetizado se calienta hasta que supere su temperatura de Curie, entonces se desmagnetiza."
>
> **Regla 1:** "para desmagnetizar un cuerpo caliéntelo por encima de su punto de Curie."
>
> **Regla 2:** "para prevenir que un cuerpo se desmagnetice, no supere su punto de Curie."

Es posible que existan formas más eficientes para desmagnetizar un cuerpo, como por ejemplo someterlo a un campo magnético alterno decreciente, por lo que el procedimiento finalmente empleado puede ser otro muy distinto. Como se dijo en el punto anterior, la verdad de una ley no garantiza la eficiencia y efectividad de la regla de ella derivada. El hecho de que existan infinitos caminos posibles para ir desde una regla exitosa hasta una teoría verdadera, y que por el contrario, existan pocos caminos (o ninguno) para ir desde una teoría verdadera a una regla exitosa, hace que Bunge concluya que la tecnología es ciencia aplicada y no que la ciencia sea "tecnología purificada".

Los pronósticos tecnológicos

El hecho de que el fin de la tecnología sean las acciones exitosas en lugar del conocimiento puro, introduce algunas diferencias entre los pronósticos tecnológicos y las predicciones científicas. Mientras que la investigación científica predice qué es lo que pasará o qué puede pasar si se cumplen ciertas condiciones, las predicciones tecnológicas indican qué es lo que debería suceder en el futuro si se toman en el presente determinadas acciones. Por otra parte los pronósticos tecnológicos no se utilizan para testear hipótesis, sino que se utilizan para controlar el curso de acción de los eventos de modo de ir efectuando correcciones si se detecta algún apartamiento. Como las predicciones tecnológicas deben ser máximamente confiables, resultan preferibles las viejas teorías de las que se conocen sus apartamientos con la realidad que las nuevas más prometedoras: la tecnología debe ser necesariamente más conservadora que la ciencia. Sin embargo no siempre es posible obtener los resultados esperados ya que puede suceder que la aplicación de un determinado modelo no se termine ajustando al sistema real, sea porque se basa en una teoría incompleta, o porque falta información, o porque alguna variable no fue tenida en cuenta o resultó tener un mayor grado de aleatoriedad que el previsto.

Los sistemas técnicos de Miguel Ángel Quintanilla

La contribución más novedosa de Miguel Ángel Quintanilla –según el mismo reconoce– es la concepción de las técnicas como sistemas intencionales de acciones, concepción a partir de la cual intenta elaborar un marco teórico amplio que permita abordar las cuestiones relacionadas con la tecnología y su desarrollo. Quintanilla entiende al saber que subyace en el tecnólogo como una combinación de conocimiento y habilidad práctica, identificando que saber cómo se hace determinado artefacto no implica necesariamente tener la habilidad de realizarlo facticamente ya que conocimiento y habilidad se mueven en planos diferentes, el cognoscitivo y el de la acción. Desde su visión, los términos técnica y tecnología son ambiguos por lo que resulta necesario utilizar una clasificación más estricta, proponiendo la de técnicas artesanales o preindustriales y técnicas industriales de base científica, reservando sólo para éstas últimas el término de tecnologías. Diferencia además entre técnica propiamente dicha y realizaciones o aplicaciones concretas de una técnica. Las técnicas son entidades culturales de carácter abstracto, que pueden tener distintas realizaciones y se pueden formular o representar de diferentes formas. La técnica en cuanto tal sería una entidad abstracta que se puede definir como el conjunto de todas las realizaciones técnicas concretas posibles de lograr con un determinado tipo de "máquina":

> "Una realización técnica es un sistema de acciones humanas intencionalmente orientado a la transformación de objetos concretos para conseguir de forma eficiente un resultado valioso. Una técnica es una clase de realizaciones técnicas equivalentes respecto al tipo de acciones, a su sistematización, a las propiedades de los objetos sobre los que se ejercen y a los resultados que se obtienen." (Quintanilla, 1991, p. 34)

A pesar de que resulta una metonimia natural, una realización técnica no debe confundirse con un tipo de artefacto, en la medida que el resultado de una acción no reemplaza a la acción en sí que lo produce.

La práctica de una técnica exige disponer de un tipo adicional y específico de conocimiento que Quintanilla denomina como "conocimiento operacional" y al que considera también posible –como sucede con el conocimiento representacional– de ser formalizado mediante un lenguaje preciso. Este conocimiento incluye por una parte al conjunto de acciones posibles de ser realizadas y por otra al conjunto de instrucciones ordenadas que se deben seguir una vez seleccionada una acción para obtener el resultado deseado. En definitiva, y esta es la conclusión a la que llega, el conocimiento operacional se reduce a un conocimiento representacional referido a un tipo especial de hechos, que son las acciones, más instrucciones o mandatos. Para poder aplicar finalmente una técnica se requiere además de los conocimientos citados, la capacidad o habilidad para actuar:

"Lo que suele llamarse conocimiento práctico (y en concreto el conocimiento técnico) es en realidad una mezcla de conocimientos representacionales y operacionales y de habilidades o capacidades prácticas adquiridas por entrenamiento." (Quintanilla, 1991, p. 42)

Eficiencia y eficacia técnica

Según Quintanilla, la evaluación de los sistemas técnicos puede realizarse en dos niveles: uno interno a cada sistema y otro externo. La evaluación interna se concentra en torno al concepto de eficiencia (adecuación de los medios a los fines propuestos) y otros conceptos emparentados con este, como factibilidad (que pueda realizarse lógica y materialmente), eficacia (que logre realmente los fines que pretende alcanzar) y fiabilidad (que la eficiencia sea estable). La evaluación externa tiene que ver con el contexto social y cultural, con el deseo de las innovaciones tecnológicas y del desarrollo tecnológico desde la perspectiva de los grupos sociales a los cuales afecta la aplicación de los sistemas técnicos concretos.

La eficiencia técnica se refiere a la adecuación de los medios a los fines propuestos. Se entiende como la medida en la que coinciden los objetivos del sistema con sus resultados efectivos. Un sistema es más eficiente que otro si obtiene más de las metas propuestas con menor derroche, es decir, con menos consecuencias no previstas o deseables. Está estrechamente vinculada con la racionalidad de medios a fines. Empleando nuevamente diagrama de Euler-Venn la eficiencia técnica de un sistema T se define como:

$$E(T) = \frac{|O \cap R|}{|O \cup R|}$$

dónde O es el conjunto de los objetivos o fines que se pretenden obtener y R es el conjunto de resultados, es decir, de sucesos que realmente se obtienen cuando se ha operado el sistema en cuestión. Como ya se mencionó, puede haber muchos resultados no buscados intencionalmente como consecuencia de la operación del sistema, por lo que los conjunto O y R no necesariamente coincidirán, aunque generalmente tendrán una intersección importante.

La efectividad o eficacia se define como el grado en el que el conjunto O de fines está incluido en el conjunto R de resultados. Si se obtienen todos los fines buscados (aunque haya otros resultados no intencionales), el sistema es máximamente eficaz:

$$F(T) = \frac{|O \cap R|}{|O|}$$

En función de las definiciones adoptadas para los conceptos de eficiencia y eficacia se concluye que un sistema puede ser eficaz pero no eficiente. De hecho puede ser máximamente eficaz pero muy ineficiente, como se ejemplifica en la figura N° 2. El grado en que los objetivos conseguidos se ajustan a los resultados reales define el ajuste (fitness) de la acción.

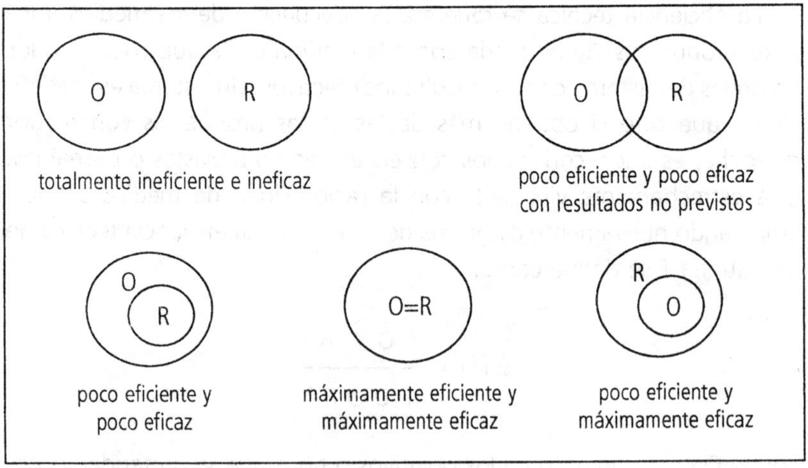

FIGURA N° 2: diferentes tipos de sistemas técnicos en función a su eficiencia y eficacia.

Sin embargo, mientras que para Quintanilla estos conceptos pueden ser evaluados internamente, para León Olivé esta concepción enfrenta una seria dificultad. Mientras que el conjunto O de metas puede identificarse inequívocamente una vez que ha quedado establecido el conjunto de agentes intencionales, el conjunto R de resultados no puede identificarse de la misma manera inequívoca. La identificación de este conjunto dependerá de la manera en que se identifique el sistema técnico en cuestión así como su ambiente y esto variará de acuerdo a los intereses de los diferentes grupos y sus diversos punto de vista, ya que muy probablemente aplicarán diferentes criterios de identidad para el conjunto R: la eficiencia es relativa a los criterios que se usen para determinar el conjunto de resultados R.

Al introducir la evaluación externa dentro de la valoración de los resultados de un proyecto tecnológico, se deben considerar además de la eficiencia, su costo intrínseco y la disponibilidad de recursos para enfrentar ese costo; sus posibles consecuencias en la estructura social, cultural y en el entorno natural; el tipo de necesidad que puede satisfacer y la prioridad que la sociedad en cuestión les asigna a éstas para su satisfacción. Para Olivé todos estos factores desdibujan la aparente rigurosidad de los conceptos analizados de eficiencia y eficacia ya que no existe un criterio único para determinarlos. Se suma a esto el hecho de que en la mayoría de las situaciones en las que operan sistemas técnicos, y sobre todo cuando se trata de innovaciones tecnológicas, no es posible predecir *a priori* todos los resultados no intencionales y sus consecuencias en las personas, las comunidades o en el ambiente. Muchas veces las decisiones tecnológicas que pueden tener un fuerte impacto social o ambiental deben tomarse en contextos de incertidumbre, donde sólo hay "bases razonables" para creer que habrá o que no habrá efectos negativos. Por otra parte hay casos donde existen intereses opuestos entre quienes desean aplicar el sistema y quienes se verán afectados por él y juzgan sus consecuencias. En estos casos no existe un criterio compartido y no se puede esperar un consenso entre todas las partes acerca de la eficiencia del sistema.

En cuanto a la utilidad de este concepto para entender el progreso tecnológico Quintanilla opina que:

> "La tesis que defendemos a este respecto es que el progreso tecnológico es una consecuencia del empleo del criterio de eficiencia en la evaluación de tecnologías y es, por tanto, un fenómeno que se puede comprender en términos de factores internos a la propia tecnología." (Quintanilla, 1991, p. 105)

Olivé por el contrario cree que la relatividad del concepto de eficiencia tiene también consecuencias en la evaluación del progreso ya que sólo es posible hacer su evaluación en relación con un conjunto dado de metas intencionales de los agentes que forman parte del sistema, más algunos criterios para identificar los resultados, los cuales dependen de los intereses y del punto de vista de quienes hacen la evaluación. De este modo, sólo se puede ordenar parcialmente las sucesiones de cambios en un sistema técnico, o de cambios de un sistema a otro que persigan fines semejantes. Pero no hay ningún criterio absoluto de eficiencia por encima de los puntos de vista e intereses de los diferentes actores involucrados, en cuyos términos pudiera establecerse algún criterio absoluto de progreso técnico que permitiera determinar un orden único de las sucesiones de cambios dentro de un sistema, o de las sucesiones de sistemas diferentes.

Una mirada desde la sociología

Como ya se analizó en las secciones precedentes, la ciencia, la técnica y la tecnología pueden ser entendidas de maneras diferentes, abarcando desde el determinismo tecnológico duro –tanto en su versión optimista como pesimista– que considera que la tecnología ha devenido autónoma, hasta la posición constructivista, que reconoce el carácter social de la misma y su interdependencia con el contexto cultural en el que se desarrolla. Dentro de esta última línea se inscribe la posición sostenida por Wiebe Bijker y Trevor Pinch[19] quienes argumentan que el abordaje constructivista aplicado para el estudio de la ciencia es también útil para la tecnología, otorgando importancia a conceptos como "flexibilidad interpretativa", "cierre y estabilización de cajas negras" y "grupos sociales relevantes". Por otra parte, en lugar de preocuparse excesivamente por encontrar criterios de demarcación, consideran preferible analizar casos empíricos que se puedan considerar como tecnológicamente paradigmáticos. No tiene sentido plantear dicotomías del tipo ciencia/tecnología, pura/aplicada, interno/externo o técnico/social, ya que se trata de una "tela sin costuras", un continuo en el que no es posible diferenciar categorías aisladas. Todo queda englobado en la actividad de resolver problemas o construir sistemas, sin importar si se está haciendo ciencia o aplicando técnicas de gerenciamiento: las categorías son contingentes, elásticas, de límites difusos y relativas a la cultura que

19 Miembros fundadores de la European Association for the Study of Science and Technology.

les da cabida. Según esta escuela el desarrollo tecnológico no se encuentra predeterminado sino que es un flujo multidireccional que involucra un complejo proceso de negociación y renegociación entre diferentes actores, los que lo van conformando sobre la marcha de los acontecimientos. Según palabras de Bijker y Pinch la naturaleza gradual y continua del proceso tecnológico hace necesario desarrollar un lenguaje similar al del cálculo diferencial para poder establecer un modelo apropiado de su desarrollo, el que debe dar cuenta tanto de los éxitos como de los fracasos de los sistemas y artefactos ideados a lo largo de la historia.

La Construcción Social de la Tecnología

Muchos esfuerzos han sido realizados en pos de encontrar una relación entre ciencia y tecnología, los que por lo general han llevado a la confección de modelos reduccionistas que terminan subsumiendo la tecnología a la ciencia aplicada, es decir "la ciencia descubre y la tecnología aplica y diseña". Esta visión ha sido criticada en la última década, y algunos autores han incluso invertido la relación entre ambas al encontrar que la ciencia depende de una infraestructura tecnológica sin la cual no podría avanzar[20]. Los sociólogos sostienen que la dispersión de las conclusiones se debe a que la pregunta está mal formulada, ya que no se trata de estructuras monolíticas bien diferenciadas, sino de culturas socialmente construidas que se entremezclan de manera simbiótica, por lo que no existe un límite preciso entre ellas. Por otra parte, los análisis adolecen de falta de simetría ya que dan cuenta de los éxitos más que de los fracasos tecnológicos, violando así una de las principales premisas del Programa Fuerte de David Bloor.

Con la intención de superar las limitaciones mencionadas, Bijker y Pinch se propusieron aplicar a la tecnología el enfoque sociológico desarrollado para el conocimiento científico que se conoce como Empirical

20 Ver Pitt, 2000.

Programme of Relativism (EPOR). Las principales características de este programa son el estudio empírico de los desarrollos científicos contemporáneos y el análisis de las controversias que se planteaban antes de la estabilización o, como suele decirse, del cierre definitivo de la caja negra. Se distinguen tres estratos en el proceso de explicación:

1) Flexibilidad interpretativa, que da cuenta de que antes de la estabilización existían diferentes interpretaciones de los hechos.
2) Mecanismos sociales de cierre, que limitan la flexibilidad interpretativa hasta obtener el consenso sobre cual es "la verdadera".
3) Relación de los mecanismos de cierre con el contexto sociológico y cultural de la época.

Basándose en estas premisas Bijker y sus colaboradores desarrollaron el programa Social Construction of Technology (SCOT), en el que la tecnología es representada por un modelo multidireccional de variación y selección entre varias alternativas coexistentes viables. Este modelo pone de manifiesto que la selección finalmente empleada –la cual es generalmente la única rescatada por los historiadores de la técnica– sólo representa una posibilidad entre otras incluso igualmente eficientes. No existe durante las sucesivas fases de diseño una sola clase de problemas a resolver, sino que estos adquieren dicho estatus en la medida que un grupo social los reconoce como tales:

> "In deciding which problems are relevant, the social groups concerned with the artifact and the meanings that those groups give to the artifact play a crucial role: A problem is defined as such only when there is a social group for which it constitute a 'problem'." (Bijker, Hughes & Pinch, 1994, p. 30) **A.10**

Identificar los diferentes grupos sociales relevantes asociados a un artefacto se constituye en la primer fase del programa, luego se deben distinguir los problemas para cada grupo y las soluciones propuestas para ellos (ver figura N° 3). Se pone de relieve en esta instancia la generación de un serie de conflictos, tanto dentro de un mismo grupo como entre grupos opuestos, ya que si bien dos o mas de ellos pueden coincidir en la identificación de un mismo problema o solución, también se pueden presentar casos antagónicos; estos conflictos no son sólo técnicos sino también estéticos, morales y legales. Por otra parte, es común que exista más de una solución para cada problema y es también habitual que una solución sea a su vez fuente de un nuevo problema.

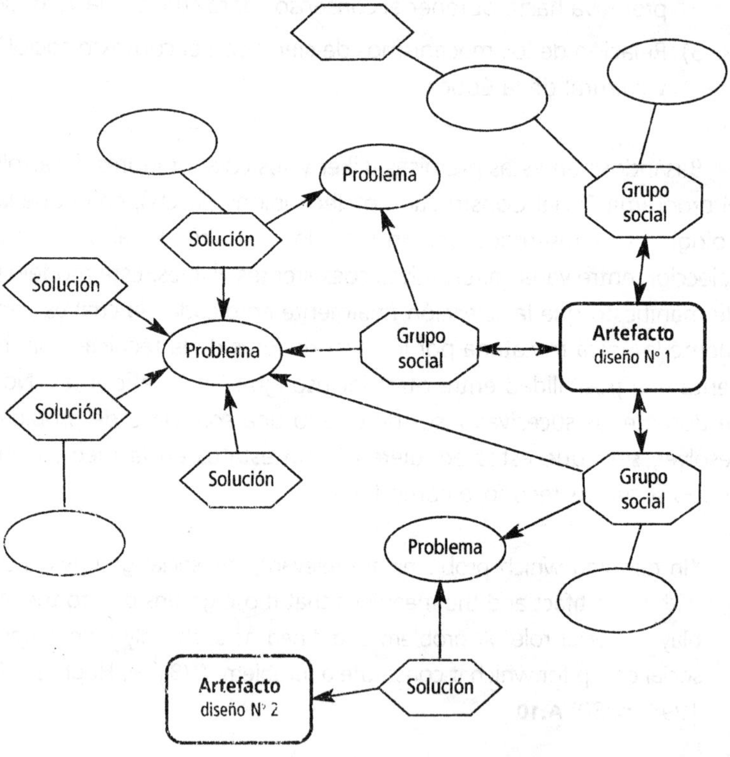

FIGURA 3: esquema del proceso de desarrollo de un artefacto.

Finalmente la coincidencia de algunas soluciones lleva al rediseño del artefacto original, subsistiendo otros problemas como tales hasta que finalmente son olvidados, desplazados o corregidos por un nuevo diseño. Según Thomas Hughes[21] a medida que el sistema o artefacto madura, va adquiriendo "estilo" y "momento" lo que le da la apariencia de haber devenido autónomo. Bijker propone utilizar para explicar la emergencia de diferentes tipos de diseños, problemas y soluciones la noción amplia de "marco tecnológico" la que engloba -entre otros- al conjunto de técnicas, metas, conceptos, teorías, conocimiento tácito, habilidades, criterios estéticos y costumbres propios de un determinado grupo social (por ejemplo el de los ingenieros). Se observa en esta noción una analogía con el paradigma de Kuhn, pero se diferencia de éste fundamentalmente por el hecho de que una comunidad por lo general adhiere a más de un marco tecnológico con los que guarda diferentes grados de inclusión.

Equivalencias entre los programas empíricos EPOR y SCOT[22]

a) Flexibilidad interpretativa

En el programa EPOR se sostiene que no existe una única manera de interpretar la naturaleza, el equivalente de esta aseveración para el programa SCOT es que no existe una única manera de diseñar los artefactos y que un mismo artefacto tecnológico puede representar cosas distintas para diferentes grupos sociales. La forma de poner en evidencia estas características es mediante el análisis de las controversias y el desarrollo del proceso de estabilización. Una herramienta importante para ello es la entrevista con tecnólogos que se encuentren involucrados en

21 "The Evolution of Large Technological Systems", en Bijker, Hughes & Pinch, 1994.
22 Para ilustrar estos conceptos ver: "The Social Construction of Facts and Artifacts" y "The Social Construction of Bakelite" en Bijker, Hughes & Pinch, y "The Social Construction of Fluorescent Lighting" en Bijker & Law.

una controversia actual o el análisis de las fuentes históricas para casos del pasado. Bijker cita a modo de ejemplo, las diferentes opiniones sostenidas por las comunidades de químicos y técnicos de fines del siglo XIX respecto al proceso que llevaría a la invención del primer material plástico totalmente artificial, la baquelita:

> "The interpretative flexibility of the artifact phenol-formaldehyde condensation product amount to the existence, in terms of our descriptonial model, of three different artifacts: an embryonic plastic material, a potential dye yet to be analyzed, and a method for studying natural resins." (Bijker, Hughes & Pinch, 1994, p. 166) **A.11**

O con referencia a la lámpara fluorescente:

> "The interpretative flexibility of the fluorescent lamp can be demonstrated by showing how different relevant social groups attributed different meanings to it, constituting three quite different artifacts in the period 1938-42: the "fluorescent tint lighting lamp," the "high efficiency daylight fluorescent lamp," and the "high intensity daylight fluorescent lamp." (Bijker & Law, 1992, p. 81) **A.12**

b) Mecanismos de cierre y estabilización

Las controversias –científicas para un programa, tecnológicas para el otro– finalmente se cierran y emerge una única posición que con el tiempo se confunde con el surgimiento de un consenso general. Este proceso se lleva a cabo a través de diferentes mecanismos, como el uso de una buena retórica o la redefinición del problema. En el primer caso "se convence" a los miembros del grupo social que han identifican un problema, que el mismo no es tal cosa, para lo cual se hace uso de mecanismos discursivos por intermedio de propaganda adecuada. En el segundo se desplaza el significado del problema, por ejemplo elogiando alguna virtud de la solución adoptada. En el desarrollo de la bicicleta, Bijker identifica un mecanismo de desplazamiento con referencia a la aceptación de las "cubiertas inflables" que eran propuestas por un grupo de técnicos como solución al problema de la "vibración". Estas cubiertas representaban un problema estético para una comunidad y un problema técnico para otra. Sin embargo fue aceptada cuando se descubrió que permitían alcanzar mayor velocidad que las cubiertas rígidas.

> "What had happened? With respect to two important groups, the sportings cyclists and the general public, clousure had been reached, but not by convincing those two groups of the feasibility of the air tire in its meaning as antivibration device. One can say, we think, that the meaning of the air tire was translated to constitute a solution to quite another problem: the problem of how to go as fast as possible." (Bijker, Hughes & Pinch, 1994, pp. 46-47) **A.13**

Otra forma posible de cierre es a través de un acuerdo entre partes, como sucedió en el caso del conflicto suscitado entre los fabricantes de lámparas fluorescentes de bajo consumo y las empresas de electricidad que veían disminuir sus ganancias:

> "In the load controversy that originated from the competition between these two artifact –the tint lighting fluorescent lamp and the high efficiency daylight fluorescent lamp- closure was reached by designing a third artifact, the high intensity daylight fluorescent lamp, as a kind of compromise." (Bijker & Law, 1992, p. 97) **A.14**

En otros casos –como sucedió con los primeros plásticos– la selección entre alternativas dependió fundamentalmente de una resolución legal por medio de juicios de patentes.

c) Relaciones con el contexto social amplio

Ejemplos empíricos analizados para el caso tecnológico muestran una fuerte relación entre el contexto social, político y cultural de la época y la creación, interpretación y diseño de los artefactos. Esta relación –según el texto analizado– aún no ha sido demostrada para el caso de la ciencia[23].

La teoría Actor Red

Además del constructivismo tecnológico propuesto por Bijker y Pinch existen dos aproximaciones más, una de ellas proveniente de la historiografía, sostenida principalmente por Thomas Hughes y especialmente pensada para explicar los grandes sistemas, y otra más radical defendida entre otros por Michel Callon, Bruno Latour y John Law. A esta última se la conoce como la teoría Actor Red y ha sido pensada no sólo para ser aplicada al estudio de la tecnología sino también para la sociología en general. A diferencia del constructivismo clásico, en esta versión más extremista se borra por completo la frontera con el contexto social y se fusiona a los actores humanos e instituciones con los objetos, teorías y fenómenos naturales: todos ellos son actores que se interrelacionan de manera compleja y contingente a través de redes sin que exista ningún orden jerárquico que priorice a unos por sobre los otros. Esta consideración puede entenderse como una generalización del principio de simetría del Programa Fuerte al exigir que se le de igual relevancia en la explicación a los heterogéneos actores que conforman la red sin importar si se trata de agentes humanos o no-humanos. Las características finales de un artefacto son función de la interrelación en equilibrio (dinámico) de todos los elementos que conforman su red específica. Si no se logra el equilibrio, la red se desploma y el artefacto fracasa. Michel Callon aplica esta forma de abordaje a su estudio sobre el proyecto del vehículo eléctrico en Francia (VEL) a comienzos de los años 70:

"The ingredients of the VEL are the electrons that jump effortlessly between electrodes; the consumers who rejected the symbol of the motor-

23 "This aspect has not yet been demonstrated for the science case, at least not in contemporaneous sociological studies." (Bijker, Hughes & Pinch, 1994, p. 46)

> car and who are ready to invest in the public transport; the Ministry of the Quality of Life, which imposes regulations about the level of acceptable noise pollution; Renault, which accepts that it will be turned into manufacturer of car bodies; lead accumulators, whose performance has been improved; and post-industrial society, which is on this way. None of these ingredients can be placed in a hierarchy or distinguished according to its nature. The activist in favor of public transport is just as important as a lead accumulator, which can be recharged several hundred time."
> (Callon, en Bijker, Hughes & Pinch, 1994, p. 86) **A.15**

De este modo, la tecnología del vehículo eléctrico está relacionada en un mismo nivel tanto con la electroquímica como con las políticas de estado. El vehículo eléctrico no es posible sin baterías confiables pero tampoco es posible sin el apoyo del gobierno: electrones y políticos deben trabajar mancomunadamente para lograr el éxito del proyecto.

Esta versión del constructivismo ha generado muchas polémicas y ha sido criticada duramente por su extremismo. Del hecho de que la ciencia y la tecnología sean actividades desarrolladas en un entorno social y que los investigadores y tecnólogos que la generan sean seres sociales, no se sigue necesariamente que todos sus ingredientes sean sociales. Según estas críticas, resulta necio y peligroso, además de falso, negar el rol que juega lo natural en la aceptación de teorías o en el funcionamiento de máquinas. La carga teórica de toda observación, la indeterminación de la teoría por los hechos y la inconmensurabilidad, no implican la imposibilidad de una argumentación racional con alguna base realista objetiva no construida. Aceptar la versión extremista de Latour llevaría a aceptar las tesis del posmodernismo y junto a ellas a admitir la desaparición del sujeto en cualquiera de sus formas, a promover el sepelio de la epistemología y de la ética y, ergo, a la suspensión de toda actitud crítica y normativa[24].

24 Ver Gómez, 2000 y 2002.

Una mirada desde la política

Se observa entre los pensadores vinculados con las humanidades una fuerte preocupación al reconocer en el desarrollo de la tecnología características autónomas y autorreferenciadas. En oposición a este determinismo, los estudios empíricos, históricos y sociológicos provenientes principalmente de la escuela europea, ponen en evidencia la existencia de intereses sociales que moldean y conducen la práctica tecnológica. Sin embargo, desde algunos ámbitos se critica a esta última posición no porque esté herrada en sus conceptos sobre la articulación cultural del diseño, sino porque sus seguidores han vacilado en comprometerse con las implicancias sociales de su teoría. En esta línea se inscribe una escuela, proveniente fundamentalmente de América del Norte, que enmarca a la tecnología en la arena política, prestando especial atención a sus consecuencias sociales e intentando trazar un puente entre las visiones deterministas y constructivistas. Si bien se pueden remontar los orígenes de esta mirada a los estudios de Karl Marx y reconocer algunas trazas en los imperativos éticos de la corporación de ingenieros alemanes de la posguerra, perdió fuerza luego de la polémica sostenida en los años sesenta por Marcuse y Habermas. Las potencialidades de esta posición, luego de haber sido descuidadas por algún tiempo, vuelven a tomar relevancia a través de los trabajos críticos de dos pensadores actuales: Langdom Winner y Andrew Feenberg.

Las tecnologías como formas de vida

Para Langdon Winner[25], politólogo norteamericano, la tecnología no avanza en forma autónoma, sino que pareciera ser que son las personas las que caminan dormidas a través del proceso de construcción de las condiciones de su existencia. No se trata de un automatismo sino más bien de un "sonambulismo". De este modo, esta versión rescata la fuerte imbricación político-social de las cuestiones tecnológicas y por ende resignifica al sujeto como agente posible de cambio y control. Se debe dejar de pensar a las técnicas como escindidas entre "hacer y utilizar" ya que no son simples medios para las actividades humanas a los que se les pueden dar un buen o mal uso, sino que son fuerzas que moldean y condicionan a la sociedad. Lo que aparentan ser meras elecciones instrumentales son en realidad elecciones acerca de la forma de la vida social y política que construye una sociedad, elecciones acerca de la clase de personas que queremos ser. Esta posición pregona que se debe dejar de adorar a la eficiencia como criterio de progreso y dar un rol más preponderante a los valores de justicia social, igualdad y bien común que deben ser propios de una sociedad democrática:

> "El demostrar la eficiencia de una determinada acción confiere una sensación de verdad científica, consenso social y urgencia moral obligatoria. Los norteamericanos no se preocupan mucho por el contenido específico de los numeradores y denominadores que se utilizan en las mediciones de eficiencia. Todo está bien mientras se consiga más por menos." (Winner, 1986, p. 64)

En definitiva, se deben evaluar siempre las infraestructuras materiales y sociales que crean las tecnologías específicas para la actividad cotidiana. Winner pone a la tecnología en el terreno de lo político, hecho

25 La posición sostenida por Langdon Winner en "La ballena y el reactor" es criticada con argumentos muy débiles por Joseph Pitt, el que puede considerarse como un optimista tecnológico.

que lleva inexorablemente a la cuestión de la supuesta neutralidad de los objetos técnicos argumentada por los optimistas tecnológicos. En cuanto a esta proclamada aseveración, afirma que las máquinas, las estructuras y los sistemas pueden ser juzgados no sólo por su contribución a la eficiencia y la productividad y por sus efectos ambientales secundarios sino también por la manera en que pueden encarnar formas específicas de poder y autoridad[26]:

> "Los temas que dividen o unen a las personas en la sociedad se resuelven no sólo en las instituciones y prácticas de la política propiamente dicha, sino también, en forma no tan obvia, en arreglos tangibles de acero y hormigón, cables y semiconductores, tuercas y tornillos." (Winner, 1986, p. 45)

Otra forma en que se expresa la relación de autoridad del objeto para con la sociedad se centra en las características de los sistemas administrativos de gestión que se necesitan para asegurar su adecuado funcionamiento. Una tecnología compleja y peligrosa requiere de un sistema jerárquico y centralizado de control y de un poder de policía que puede llegar incluso a vulnerar las libertades individuales, se trata de tecnologías inherentemente políticas en el sentido de que requieren una forma específica de organización pública.

La racionalización democrática

Andrew Feenberg, filósofo de la tecnología canadiense, sostiene que tanto la aseveración de que la infraestructura técnica determina necesariamente un solo tipo de sociedad posible, como que el criterio de eficiencia es el único valor condicionante de este camino, son ambas falsas y que éstas son ideologías utilizadas para justificar las restricciones a

26 Mumford ya alertaba sobre este hecho al señalar que existen tanto tecnologías democráticas como autoritarias.

las oportunidades para participar en las instituciones de la sociedad industrial. Afirma que es posible alcanzar un nuevo tipo de sociedad tecnológica que de lugar a un mayor ámbito de valores si se democratiza la tecnología.

> "En nuestra sociedad la racionalización responde a una definición particular de tecnología como un medio para un fin, la ganancia y el poder. Un comprensión más amplia de la tecnología sugiere una noción de racionalización muy diferente fundada en la responsabilidad de la acción técnica por los contextos humanos y naturales. Llamo a esto "racionalización democrática" porque requiere avances tecnológicos que sólo pueden hacerse en oposición a la hegemonía dominante. Ésta representa una alternativa, tanto a la presente celebración de la tecnocracia triunfante como a la pesimista contrademanda heideggeriana de que "sólo un Dios puede salvarnos" de la catástrofe tecno-cultural." (Feenberg, 1992, p. 16)

Por una parte el desarrollo tecnológico no es unilineal, sino que se ramifica en muchas direcciones y puede alcanzar generalmente altos niveles a lo largo de más de una vía diferente; por otra, el desarrollo tecnológico no está determinado por la sociedad, sino que está sobredeterminado por ambos factores, tecnológicos y sociales. En una sociedad donde el determinismo vigila las fronteras de la democracia, el indeterminismo no puede ser sino político. Si la tecnología tiene muchas potencialidades inexploradas, no son los imperativos tecnológicos los que establecen la jerarquía social existente, sino que la tecnología es un escenario más de la lucha social en el cual las alternativas de la civilización están en pugna.

Si la tecnología es un objeto social, entonces debe estar sujeta a la interpretación como cualquier otro artefacto cultural. Feenberg identifica dos dimensiones hermenéuticas: el significado social y el horizonte cultural. El primero de ellos está bien establecido por los estudios empíricos de los constructivistas –como el caso de la bicicleta en Bijker– mientras que el segundo se refiere a los supuestos culturales que hacen posibles las distintas interpretaciones y como éstas apoyan la hegemonía social moderna: la racionalización funcional. Las tecnologías son seleccionadas, de entre muchas configuraciones posibles, por este doble interés.

Sin embargo, Feenberg sostiene siguiendo a Marcuse, que es posible diseñar una tecnología contextualizada que optimice diversas variables al mismo tiempo de modo de poder corresponder a muchas demandas sociales diferentes. No se trata de sacrificar el concepto de eficiencia sino de actuar sobre los valores que actúan sobre él, de modificar "el código técnico" subyacente.

> "Semejante fetichismo de la eficiencia ignora nuestra comprensión común del concepto, el cual sólo es importante en el proceso social de decisiones. En este sentido cotidiano, la eficiencia concierne al estrecho ámbito de los valores, que los actores económicos afectan rutinariamente con sus decisiones. Los aspectos no problemáticos de la tecnología no están incluidos. En teoría, uno puede descomponer cualquier objeto técnico y dar razones por cada uno de sus elementos en términos de las metas que alcance, ya sean de seguridad, velocidad, fiabilidad, etc., pero en la práctica nadie está interesado en abrir la "caja negra" para ver lo que hay dentro." (Feenberg, 1992, p. 12)

En síntesis, el estrecho enfoque de la tecnología moderna satisface las necesidades de una hegemonía particular, no es una condición metafísica. Bajo aquella hegemonía, el diseño tecnológico está inusualmente descontextualizado y es destructivo. Es aquella hegemonía, que se ha incorporado en la tecnología, la que debe ser cuestionada en la lucha por la reforma tecnológica.

Una mirada desde la religión

El propósito de esta sección no es presentar la visión que las diferentes religiones tienen sobre la ciencia y la tecnología, trabajo que por su magnitud escapa a las posibilidades de este texto, sino comentar la tesis del historiador David Noble desarrollada en su libro "The Religion of Technology" en donde expone de manera erudita la intrincada vinculación de la fe con las ciencias útiles. Según Noble, la tecnología y la fe modernas no son ni complementarias ni contrarias, ni tampoco representan estadios sucesivos del desarrollo humano. Sino que se encuentran, y siempre así lo han estado, fusionadas, siendo al mismo tiempo la empresa tecnológica un empeño esencialmente religioso. Es así que pese a sus brillantes y sobrecogedoras manifestaciones de conocimiento mundano, su verdadera inspiración yace en otra parte, en una imperecedera búsqueda mística de la trascendencia y la salvación. La tecnología pasa a ser bajo esta mirada el instrumento a través del cual el hombre construye el Reino de Dios en la tierra o, a partir de una concepción histórico-salvífica basada en la nostalgia de un "paraíso perdido", el modo en que el hombre recupera el estado adámico, caracterizado por la ausencia de toda desarmonía consigo mismo y con su medio ambiente.

La tecnología como instrumento de trascendencia

Fue durante la Edad Media que las "artes útiles" comenzaron a estar al servicio de la redención. Antes de ella, durante el primer milenio cristiano, predominaba la visión agustiniana que relacionaba las técnicas con el estado de imperfección propio de la humanidad luego de la caída adánica, y por tanto indignas e inapropiadas para lograr la reconciliación divina y la salvación. Sin embargo esta concepción fue cambiando poco a poco, comenzando a generarse el pensamiento de que la tecnología era, en última medida, fruto de la voluntad de Dios y por ende podía ser empleada para recobrar el estado de gracia, facilitando incluso la expansión del cristianismo a través del uso de una maquinaria más eficiente de guerra, como señala la historiadora medieval Lynn White[27]. Este acercamiento debe mucho a los monjes benedictinos quienes fueron pioneros en la utilización de las artes útiles en sus monasterios como medio orientado hacia fines espirituales y que, directa o indirectamente, establecieron las bases para la gran revolución industrial medieval, sustentada en la explotación de la energía provista por molinos de agua y de viento, y de la tierra a través de las nuevas técnicas aplicadas a la agricultura, como el arado pesado.

Esta nueva visión de las artes prácticas, como algo distinto, dignificado, inspirado divinamente y con valor para la salvación, se articuló por primera vez de forma completa en el siglo IX, con el trabajo del filósofo carolingio Juan Escoto Erigena, quien da fundamento a una nueva teología que argumenta, a diferencia de la de San Agustín, que las dotes de las "artes mecánicas" son innatas en el hombre, anteriores a la caída, y por ende propias para restaurar en el hombre la imagen perdida de Dios. Como señala Noble, la reconceptualización de las artes por parte de Erigena, densamente innovadora y espiritualmente prometedora, señaló un punto de inflexión en la historia ideológica de la tecnología.

27 En una ilustración perteneciente al Salterio de Utrech, del siglo IX, se puede observar como el ejército de los justos se enfrenta al de los impíos, mucho más numeroso. Llama la atención que los primeros afilan sus espadas mediante una rueda de molino montada sobre un cigüeñal que la hace girar (un artefacto absolutamente novedoso para esa época), mientras que los segundos utilizan una simple piedra de afilar obsoleta. White, "Cultural Climates", citada por Noble, 1999, p. 27.

Conjuntamente con esta resignificación de las técnicas, comenzó a surgir una nueva concepción bíblica, el milenarismo[28], cuyas influencias se extenderán incluso hasta nuestros días, según la cual sería posible –por intermedio de la vida virtuosa y la perfección de las artes– anticipar la llegada de Cristo proclamada en el Apocalipsis de San Juan y con la que se restauraría la divinidad perdida a causa del pecado original. Uno de los más fervientes impulsores de esta nueva teología fue el legendario sabio franciscano Roger Bacon, quien durante el siglo XIII aconsejaba en su obra Opus Majus al desarrollo de las artes útiles:

> "Considerar el uso de estas invenciones [...] debido a los peligros futuros en los tiempos del Anticristo, lo que con la gracia de Dios sería fácil de conseguir si los prelados y los príncipes promocionasen el estudio e investigasen los secretos de la naturaleza y del arte." (Noble, 1999, p. 44)

Esta perspectiva milenarista atravesó la Edad Media, fue fuente de ímpetu de los viajes de Colón y de los grandes conquistadores, renovó el interés por la magia y la ciencia –la alquimia– que confluyó en la formación y pensamiento del legendario Paracelso y acompañó el trabajo del gran artista Alberto Durero a quien se atribuye el redescubrimiento de la perspectiva lineal. Generó los relatos utópicos de Tomás Moro, Miguel de Cervantes y de Francis Bacon, estimuló la Reforma de Martín Lutero, los escritos de Giordano Bruno y dio nacimiento a la misteriosa hermandad de los Rosacruces.

> "[En Gran Bretaña en el siglo XVII] las concepciones monásticas y milenaristas acerca de la redención, que ideológicamente habían propulsado el desarrollo de las artes, cristalizaron como nunca antes lo habían hecho: la idea monástica de la trascendencia como una recuperación del parecido divino de la humanidad, una restauración de la perfección, el conoci-

28 El profeta fundador de esta renovada expectativa fue un abad cisterciense de Calabria, Joaquín de Fiore.

miento y el dominio adánicos, un retorno al Edén y la identificación de las artes como vehículo de esta trascendencia; la idea milenarista de trascendencia a través de la historia, el parecido del futuro con el pasado, de la Nueva Jerusalén con el Edén perdido; y la identificación del progreso de las artes como la marca y el medio milenarista, el cumplimiento de la profecía divina." (Noble, 1999, p. 63)

Es en este contexto que se inscriben los influyentes trabajos del notable y filósofo inglés Sir Francis Bacon para quien la ciencia debía estar al servicio del progreso y bienestar del hombre, persiguiendo un fin utilitario pero trascendente en su esencia. Este espíritu utilitarista de la ciencia impulsó la creación de sociedades científicas como la Royal Society de Londres y los trabajos de Robert Boyle. Si bien de manera algo diferente, la vinculación del conocimiento científico con la salvación fue también motor de los estudios de Isaac Newton para quien entender el funcionamiento de la naturaleza conducía a la comprensión de la mente de Dios y, a través de ésta, a una recuperación de la divinidad perdida. Con Newton comienza a delinearse una separación entre ciencia y tecnología que se profundizará en el siglo XIX y que recién se volvería a reinstaurar en el siglo XX con la tecnología moderna.

El origen de las escuelas de ingeniería

La impronta del pensamiento milenarista se vinculó también con el nacimiento de la hermandad de los Francmasones, logia inicialmente compuesta por el gremio de albañiles itinerantes y que con el tiempo fue incorporando estratos sociales más elevados, pero siempre manteniendo la doctrina de las artes útiles como medio para la perfección, siguiendo la tradición de la hermandad de los Rosacruces y el legado especulativo de Francis Bacon. Según señala David Noble:

"Siguiendo los pasos de los monjes, frailes, iluminados y virtuosos, los francmasones llevaron el proyecto perfeccionista de la religión de la tecnología a una edad más secularizada, dejándola en las manos del nuevo Adán de la modernidad, el ingeniero." (Noble, 1999, p. 96)

El espíritu masón se trasladó a Estados Unidos de Norteamérica por intermedio de la figura emblemática de Benjamin Franklin e ingresó a Francia a mediados del siglo XVIII dando lugar a la creación en 1794 de la primera escuela de ingeniería civil, de relevancia aún en nuestros días, La École Polytechnique de París[29], fundada por cuatros francmasones de gran relevancia, entre ellos el matemático Gaspard Monge padre de la geometría descriptiva. Uno de los primeros egresados de la École fue Auguste Comte quien reconocía en la figura del ingeniero a la vanguardia del régimen positivista por él promovido. En Norteamérica, algunas décadas después, se inauguró el renombrado MIT, Massachussets Institute of Technology, el que incorpora por primera vez en un nombre oficial el nuevo término "tecnología" acuñado en esa época por el profesor de Harvard Jacob Bigelow.

29 La École Polytechnique reconoce como antecesora a la École des Ponts et Chaussées, una instutución de enseñanza de la ingeniería entre cívica y militar fundada por Jean-Rodolphe Perronet, también francmasón, en 1747.

Una mirada desde la ingeniería

En busca de los orígenes de la ingeniería moderna, los historiadores reconocen en Leonardo, Bacon y Descartes tres pilares fundamentales. Por un lado Leonardo Da Vinci y la amplitud de intereses de una persona del Renacimiento, de genio extraordinario, dotada de una gran intuición técnica y admirable capacidad práctica y artística, pero carente aún de una metodología sistemática de análisis de la naturaleza estrictamente definida[30]. Por otro, Lord Francis Bacon de Verulamius y una filosofía que se caracterizaba principalmente por perseguir un nuevo fin y utilizar un nuevo método de abordaje –la inducción– y que a diferencia de la filosofía de los antiguos que desdeñaba ser útil y se daba por satisfecha permaneciendo estacionaria, pretendía utilidad y progreso para dotar a la humanidad de nuevos inventos y descubrimientos que facilitaran la vida[31]. Por último, René Descartes y la deducción desde elementos simples y claros de hechos más complejos y universales, subdividiendo las dificultades en la mayor cantidad posible de partes y revisando minuciosamente todos los pasos, como el mejor camino para alcanzar la verdad[32].

30 Para tener un primer abordaje al pensamiento de Leonardo, ver sus Aforismos. Allí pueden observarse los lineamientos de su método y la importancia que confería a las matemáticas como herramienta de análisis.

31 Para un primer encuentro con Bacon ver: T. B. Macaulay, "Lord Bacon", colección Infinito, editorial Ibero-Americana, 1947. Charles de Rémusat, "Bacon, su vida, su época y su filosofía", editorial Americalee, 1944.

32 René Descartes, "Discurso del Método".

La ingeniería moderna haría uso de la capacidad artística y creadora propia del genio, la destreza y la intuición de un Leonardo, del análisis minucioso de la naturaleza a través de la inducción baconiana que le permite a través de la experiencia clasificar y entender el comportamiento de los diferentes materiales y de sus combinaciones, y de la capacidad de abstracción, disección y formalismo cartesianos que le permiten lograr la mayor eficiencia en sus diseños mediante la aplicación del riguroso andamiaje matemático-deductivo. Es en esta visión donde se encuentra la fuente de las críticas que suelen hacérsele a la ingeniería desde las ciencias exactas, esto es su pragmatismo que la lleva a desligarse de ataduras puristas para abrazar, al estilo del "todo vale" de Feyerabend, una pluralidad de medios para alcanzar sus objetivos; rebajando así el concepto de verdad al pragmatismo utilitarista del "funciona-no funciona" o del más objetivo "funciona mejor-funciona peor". Sin embargo, visto desde el ángulo opuesto, el conocimiento en ingeniería superaría las preconceptos estético-metafísicos de unicidad en pos de una metodología pluralista que no tiene tapujos en aceptar sus limitaciones pero que ha demostrado ser más sólida que aquella que pregona su superioridad. Según Joseph Pitt:

> "In contrast [with scientific knowledge] we have engineering knowledge, wich is task oriented. It is universal, certain and, if it works, must be true in some sense of "true". So, on the criteria we advocated for science, engineering knowledge seems to be more secure, more trustworthy, with longevity. What engineering know, therfore, is how to get the job done primarily because they know what the job is." (Pitt, 2000, p. 29) **A.16**

Epistemología de la Ingeniería

Walter Vincenti –Profesor Emérito de Ingeniería Aeronáutica de la Universidad de Stanford– es el autor de uno de los pocos textos sobre epistemología de la ingeniería que se encuentran escritos. En "What Engineers Know and How They Know It" elabora, a partir del estudio de cinco casos especialmente seleccionados de la historia de la aviación, una tesis acerca de naturaleza del conocimiento que desarrolla el ingeniero, el que, no tarda en adelantar, no se trata de ciencia aplicada como muchos creen. Si bien el ingeniero puede aplicar conceptos derivados de la ciencia también aplica otros que son propios de su disciplina y que no existen en la ciencia o son utilizados de manera diferente. Para los ingenieros el conocimiento no es un fin en sí mismo sino sólo un medio para lograr sus objetivos siempre vinculados con el diseño, la construcción y la operación de objetos y artificios:

> "Engineering refers to the practice of organizing the design and construction [and, I would add, operation] of any artifice wich transforms the physical world[33] around us to meet some recognized need." (Vincenti, 1993, p. 6) **A.17**

Vincenti se concentra en el diseño y dentro de éste a lo que llama "diseño normal" distinguiéndolo del "diseño radical". En el diseño normal los ingenieros ya conocen, con mayor o menor detalle, el tema a desarrollar mientras que en los radicales la mayoría de las cosas son desconocidas[34]. Durante los desarrollos normales el conocimiento es incremental y evoluciona hacia un menor grado de incertidumbre. Otra particularidad importante del diseño es que es una actividad jerárquica y multinivel. Estos niveles van desde la definición general del proyecto hacia una especificidad cada vez mayor de sus partes componentes, más manejables en su complejidad y que pueden trabajarse aisladamente una vez conocidas las condiciones de contorno a satisfacer. En cuanto a la definición general del proyecto, reconoce que se trata de una actividad social en la que el "ambiente" define y condiciona los objetivos a alcanzar, pero aclara que no se concentrará en esta característica sino que limitará su estudio al del conocimiento interno necesario para llevar adelan-

33 Pitt incorpora a esta definición "the social world".
34 Hay aquí un paralelismo explícito con las nociones de ciencia normal y revolucionaria de Thomas Kuhn.

te el diseño. Vincenti reconoce entonces explícitamente que se focalizará sólo en una parte del conocimiento desarrollado por el ingeniero, la relacionada con la parte interna del diseño normal asociado a los niveles de baja jerarquía[35], dejando afuera los problemas asociados con la producción y operación de tecnología y a las condiciones contextuales externas. Aclara también que su método será histórico, empírico e inductivo por lo que la generalización de las conclusiones a otras ramas de la ingeniería diferentes de la aeronáutica, o a la tecnología en general, quedará sujeta a las limitaciones inherentes a esta metodología[36].

Categorías de conocimiento y actividades ingenieriles

Vincenti adhiere a la caracterización clásica de la ingeniería como actividad dedicada a la solución de problemas prácticos. Rachel Laudan identifica cuatro fuentes internas de generación de nuevos problemas técnicos: fallas funcionales de tecnologías en uso, extrapolaciones de tecnologías exitosas conocidas a nuevos casos, desbalances entre tecnologías inter-relacionadas y fallas potenciales de tecnologías actuales. A estas él agrega cuatro más: la percepción de nuevas posibilidades tecnológicas, la propia lógica interna del desarrollo tecnológico, las necesidades internas del diseño y la necesidad de bajar la incertidumbre de los resultados. Para poder resolver las cuestiones que se generan por alguna de estas causas, los ingenieros aplican distintos conocimientos que ayudan al diseño y que están basados en orígenes de diversa extracción, algunos provenientes de la ciencia y otros desarrollados internamente por la propia ingeniería, algunos claramente distinguibles, otros no. Independientemente a su origen todos estos conocimientos comparten el hecho de que son de utilidad para la solución de problemas prácticos concretos. Para aclararlos, Vincenti realiza una categorización en función del tipo de conocimiento que se aplica:

35 El "día a día" de la mayoría de los ingenieros. Vincenti, 1993, p. 12.

36 Todos los ingenieros pueden considerarse tecnólogos pero no todos los tecnólogos son ingenieros.

- **Conceptos fundamentales de diseño:** son los conocimientos que se aprenden durante el período de formación y que definen los principios básicos de operación y las configuraciones típicas de los dispositivos y sistemas. Muchos de ellos se aprenden "por ósmosis" a lo largo de la carrera y no están fundados en conocimiento científico alguno.
- **Criterios y especificaciones:** es el conocimiento que permite pasar de las ideas generales a los planos técnicos concretos. Los que determinan la forma, el tamaño, los requisitos a cumplir, etc. El conocimiento de estas condiciones, a diferencia de la ciencia que no está tan rígidamente delimitada, es fundamental para poder concretar el diseño.
- **Herramientas teóricas:** abarcan un amplio espectro desde las teorías físicas hasta los procedimientos y ecuaciones matemáticas abstractas. El espectro incluye también a las teorías fenomenológicas empíricas matemáticamente estructuradas que, sin brindar información sobre la esencia, son muy útiles para el diseño.
- **Datos cuantitativos:** tanto los criterios como las fórmulas matemáticas necesitan ser alimentados con datos de entrada. Estos valores son generalmente obtenidos por métodos empíricos de ensayo y se encuentran expresados en tablas y gráficos. Su conocimiento es indispensable para el diseño y pueden ser de naturaleza descriptiva o prescriptiva[37].
- **Consideraciones prácticas:** las herramientas teóricas alimentadas por datos cuantitativos suelen no ser suficientes por sí solas siendo necesario recurrir además a un conocimiento tácito, de difusa demarcación y difícil de definir, brindado por la experiencia práctica[38].

37 Esta terminología es tomada por Vincenti de Bunge.
38 "Rules of thumb".

- **Procedimientos de diseño:** todos los conocimientos formulados se enmarcan en un conocimiento más general que es el que guía sobre cómo éstos se deben usar, cómo se combinan todos los pasos necesarios para llevar adelante el complejo proceso de diseño. En el desarrollo de este procedimiento se pone de manifiesto un "estilo de pensar" propio del ingeniero[39] y "mañas" y comportamientos "instintivos" adquiridos por el oficio.

En cuanto a las actividades generatrices de conocimiento en ingeniería, se diferencian de las de la ciencia en función de los distintos propósitos que persiguen –la comprensión de la naturaleza y la búsqueda de soluciones prácticas– lo que no quita que haya realimentación entre ambas, es decir que ambos tipos de conocimiento resulten útiles en alguna medida para alcanzar ambos propósitos. Vincenti propone la idea de pensarlo como un espectro continuo en el que en un extremo se ubica la ingeniería y en el otro la ciencia. Las actividades que reconoce relevantes para la generación de conocimiento en ingeniería son: transferencia desde la ciencia, invenciones, investigaciones teóricas ingenieriles, investigaciones experimentales ingenieriles, experiencia práctica de diseño, producción y pruebas directas finales sobre el prototipo terminado. Estas actividades son generadoras de algunas de las categorías de conocimiento ya mencionadas como se muestra en la tabla N° 2. Todas estas actividades se desarrollan en el seno de una comunidad, con sus propias publicaciones, escuelas y asociaciones, y si bien son los individuos los productores inmediatos del conocimiento, el conocimiento final radica y se acumula en la comunidad de ingenieros que comparten una técnica en común. Respecto a las investigaciones teóricas y experimentales ingenieriles, Vincenti reconoce que se asemejan a las empleadas por la ciencia pero que sin embargo se distinguen de ellas:

39 Cita como ejemplos el pensamiento por analogía y el pensamiento visual. Vincenti, 1993, pp. 220-221.

"Theoretical research in engineering, which thus contributes to various categories of design knowledge, has much in common with theoretical research in science. Like scientific research, it is systematic, conceptually demanding, and often mathematically difficult. (...) Nevertheless, differences in style and emphasis do exist; theoretical research done in schools of engineering, for example, differs in discernible though perhaps subtle ways from that done in departments of physics and chemistry. (...) It emphasizes application rather than illumination, and decisions about alternatives, methods, and significant results are influenced accordingly." (Vincenti, 1993, p. 231) **A.18**

"Approach, techniques, and instrumentation are basically similar. Overall, however, differences are greater than with theoretical research, and engineering utilizes certain [experimental] methods in its own characteristic ways. Engineers make wide use of experimental parameter variation to supply design data when no effective theoretical knowledge is available. They are similarly special in the way they employ working scale models, plus similitude theory to take account of the accompanying scale effects. And procedures of destructive testing would have no standing at all in modern science. A great deal of engineering experiment has a character very much is own." (Vincenti, 1993, p. 232) **A.18 bis**

Actividades \ Categorías	Conceptos fundamentales de diseño	Criterios y especificaciones	Herramientas teóricas	Datos cuantitativos	Consideraciones prácticas	Procedimientos de diseño
Transferencia desde la ciencia			X	X		
Invenciones	X					
Investigaciones teóricas ingenieriles	X	X	X	X		X
Investigaciones experimentales ingenieriles	X	X	X	X		X
Experiencia práctica de diseño		X			X	X
Producción				X	X	X
Pruebas directas finales	X	X	X	X	X	X

Tabla N° 2: relaciones existentes entre categorías de conocimiento y actividades.

El progreso del conocimiento en ingeniería

Uno de los principales intereses epistemológicos es el que se refiere al crecimiento del conocimiento. En ingeniería, y en "diseño normal", este puede ser descripto como un proceso de variación ciega y retención selectiva:

> "Growth of knowledge in engineering can be described in terms of the blind variation and selective retention model put forth by Donald Campbell." (Vincenti, 1993, p. 241) **A.19**

En líneas muy generales el modelo de Campbell contiene tres elementos esenciales: mecanismos de introducción de variaciones, proceso de selección consistente y mecanismos de preservación y/o propagación de la variación seleccionada. Los mecanismos de este último elemento son claros e incluyen publicaciones de artículos y libros, currículas académicas, conferencias, obras concretas, etc., pero no sucede así con los dos primeros. Con "variación ciega" no se está refiriendo a aleatoreidad o casualidad sino a que, si se trata realmente de un conocimiento nuevo, sus alcances son impredecibles. Si sus consecuencias fueran predecibles entonces, simplemente, no es un conocimiento nuevo. Esta aseveración debe tomarse en forma relativa ya que el grado de impredecibilidad es muchas veces pequeño y relativo al conocimiento anterior, pero de todos modos es ciego en el sentido mencionado. Las variaciones son generadas mediante alguna o algunas de las actividades desarrolladas por los ingenieros (ver tabla N° 2) y el criterio de selección –segundo elemento del modelo de Campbell– consiste en responder a las preguntas ¿cuál de ellas funciona o podría funcionar? y luego, de éstas, ¿cuál lo hace o lo haría mejor? No siempre es fácil responder estos interrogantes ya que se suelen formar "jerarquías anidadas" debido a que el funcionamiento de un parte por lo general está asociado con el de otra y así sucesivamente. Este proceso se desarrolla muchas veces de manera "automática" o "inconciente" y muy interrelacionada, en el sentido de que en la búsqueda de nuevas variaciones ya está en cierta forma presente en la mente del ingeniero la intuición de lo que puede llegar a funcionar así como lo que definitivamente no funcionará.

Uno de los grandes avances de la ingeniería moderna es que para responder a la pregunta sobre si tal o cual variación funcionará no es necesario construir –al menos en primera instancia– el prototipo final sino que se puede hacer indirectamente aplicando modelos, sean estos matemáticos o a escala.

> "In direct and vicarious trial of both specific designs and general design knowledge, the criterion for selection of a variation for retention is, Does it work? or, more precisely, Does it help in design of something that

works? This question, perhaps unexpressed, exists in the mind of anyone laboring to add to engineering knowledge, even in the most abstract reaches of engineering research." (Vincenti, 1993, p. 248) **A.20**

Todo este proceso se desarrolla en un ambiente de incertidumbre e inseguridad. Algo se puede haber escapado al análisis, quizá exista otra alternativa mejor, a escala real pueden aparecer otros problemas impensados, etc. Si bien el grado de inseguridad de una determinada selección disminuye con el tiempo y la experiencia acumulada, el grado de complejidad del conjunto de posibilidades aumenta también con cada nueva invención y con las continuamente mejores herramientas de selección, por lo que pareciera que la incertidumbre asociada a la generalidad del proceso de diseño va siempre en aumento[40].

El enfoque histórico de Eugene Ferguson

Eugene Ferguson –Profesor Emérito de Historia de la Técnica de la Universidad de Delaware– plantea en su libro "Engineering and the Mind´s Eye" la importancia que el pensamiento y el aprendizaje no verbal, el pensamiento y aprendizaje visual, tienen para el desarrollo de la ingeniería. Su tesis es que gran parte del progreso tecnológico se debe a una gran cantidad de decisiones que son y deben ser tomadas por el tecnólogo de un modo no científico, de un modo creativo e intuitivo y por ende altamente subjetivo y no atado a las reglas de la ciencia.

"If we are to understand the nature of engineering, we must to appreciate this important although unnoticed mode of thought. It has been non verbal thinking, by and large, that has fixed the outlines and filled in the details of our material surroundings. In their innumerable choices and

40 Por ejemplo, con las nuevas herramientas de simulación numérica por computadora se abre un abanico de posibilidades de generación de variaciones impensado para otras épocas.

decisions, technologists have determined the kind of world we live in, in a physical sense. Pyramids, cathedrals, and rockets exist not because of geometry, theory of structures, or thermodynamics, but because they were first pictures –literally visions– in the minds of those who conceived them." (Ferguson, 1999, preface) **A.21**

Ferguson no desestima la importancia del pensamiento científico, sino que cree que este por si solo no alcanza para lograr la creación material de un objeto ni la correcta enseñanza de la disciplina. De hecho marca su preocupación por el giro que, a partir de la segunda guerra mundial, han tomado las currículas de ingeniería hacia la enseñanza a través de la aplicación del pensamiento analítico, descuidando la parte intuitiva, considerada de un "status inferior". El pasaje de la enseñanza del "arte de la ingeniería" al de las "ciencias de la ingeniería":

"The formal knowledge that engineering designers use is not science, although a substantial part of it is derived from science. It includes as well knowledge based on experimental evidence and on empirical observations of materials and systems." (Ferguson, 1999, p. 9) **A.22**

La creación de un nuevo objeto generalmente involucra dos procesos altamente relacionados, el primero consiste en plasmar en papel la visión presente en la mente del tecnólogo, lo que implica la resolución de una infinidad de cuestiones, algunas de las cuales admiten una solución analítica y muchas otras que son resueltas intuitivamente, según la experiencia y creatividad, sin que exista una única alternativa posible e incluso sin que una pueda ser considerada mejor que otra. El segundo proceso conlleva el detalle fino, pero no ya creativo, de lograr un grado de especificación que deje al constructor del objeto la menor cantidad de incertidumbres posibles. La perfección en este proceso es por lo general inalcanzable, por lo que suele producirse una realimentación de forma de adecuar los planos a las posibilidades constructivas. Podría decirse que existe una imposibilidad epistemológica en el sentido de que es imposible conocer *a priori* todas las dificultades que se presentarán durante la construcción de un nuevo objeto, así como todos los efectos secundarios y no deseados que este objeto generará durante su posterior utilización.

El uso que el ingeniero hace del conocimiento científico es puramente instrumental, en el sentido que sólo le interesa su capacidad para predecir comportamientos y no su potencialidad para explicar leyes de la naturaleza. Es por ello que la ingeniería sigue haciendo uso de teorías y modelos que ya han sido descartados por la ciencia por su pérdida de verosimilitud, pero que siguen siendo útiles con fines instrumentales para la actividad del ingeniero. También es cierto que debido a que los modelos teóricos simplifican la realidad, muchos de estos resultados deben se tratados con precaución. Otro rasgo típico del uso que la ingeniería da a las herramientas científicas que se encuentran a su alcance, es la creación de conceptos abstractos –como el de eficiencia térmica– que requieren de un tratamiento científico-matemático pero que responden a intereses puramente técnicos.

Ferguson ejemplifica su tesis de la importancia del pensamiento visual analizando trabajos y citando comentarios de inventores, diseñadores, ingenieros y físicos, los que abarcan desde los bosquejos de Leonardo en el 1500 hasta los "Diagramas de Feynman" utilizados en mecánica cuántica. No sólo el pensamiento visual es importante, sino también aquel conocimiento que se adquiere con el tacto, con la vivencia física de la naturaleza del objeto. Según el fabricante norteamericano de automóviles Walter Chrysler:

> "...the eyes and fingers –the bare fingers– are the two principal inlets to trustworthy knowledge in all the materials and operations with the engineer has to deal with..." (Ferguson, 1999, p. 50) **A.23**

Elmer Sperry, diseñador de los sistemas giroscópicos de estabilización de naves, afirmaba que le fueron más útiles los giróscopos de juguete de sus hijos –que le permitieron "vivenciar" las fuerzas involucradas– que la complicada y profusa matemática de los libros especializados en el tema.

Los cuadernos de notas de los ingenieros del Renacimiento, en los que se recopilaban de forma preponderantemente gráfica los conocimientos técnicos disponibles de la época, son un ejemplo de la propiedad del lenguaje visual de su portabilidad a través de las barreras lingüísticas, culturales y temporales, lo que facilitó, junto con las migraciones de ingenieros y artesanos, la expansión de estos conocimientos a través de Europa y del tiempo. Una de las formas en que se publicaron estos cuadernos fue la conocida como "Theater of Machines", el primero de los cuales fue realizado por Jacques Besson en 1578. Los avances en los métodos de representación visual que se produjeron en el siglo XV (la creación de la perspectiva lineal, la geometría proyectiva y la imprenta) fueron, según Ferguson, de fundamental importancia para el crecimiento de la ciencia y la tecnología, al evitar los errores del copiado manual y permitir la mayor circulación de la información. Willam Irvins señala:

> "...sight has today become the principal avenue of the sensuous awareness upon which systematic thought about nature is based. Science and technology have advanced in more than direct ratio to the ability of men to contrive methods by which phenomena which otherwise could be know only through the senses of touch, hearing, taste, and smell have been brought within the range of visual recognition and measurement and thus become subject to that logical symbolization without which rational thought and analysis are impossible." (Ferguson, 1999, p. 209) **A.24**

En los siglos posteriores al Renacimiento se fue consolidando la idea de que disponer de un conocimiento práctico de lo que es posible construir en el mundo abre las puertas a un conocimiento más profundo de la naturaleza. Issac Newton y Francis Bacon fomentaron el aprendizaje práctico y la observación de técnicas, artes y oficios. Este último propició la recopilación de todo el saber técnico disponible en una serie de publicaciones, Natural Histories of Trades, con la firme idea de que podía obtenerse progreso tecnológico a partir del estudio y mejoramiento de los dispositivos existentes o ya inventados. En 1660, William Petty, compilador de "Histoty of Arts Illiberal and Mechanical" expresaba:

"bare words being not sufficient, all instruments and tools must be pictured, and colours added, when the descriptions can not be made intelligible without them." (Ferguson, 1999, p. 132) **A.25**

A partir del siglo XVII tomó auge la construcción de maquetas y modelos a escala de las máquinas y mecanismos, debido a su utilidad para la comprensión y la enseñanza, ya que permitían "ver y palpar la ciencia de la mecánica". La visualización de la matemática fue un paso importantísimo que se dio también en el siglo XVII con la invención de los logaritmos Neperianos (1614), la regla de cálculo basada en éstos (1632) y la introducción de las coordenadas Cartesianas que dará sustento a la geometría analítica. Sin embargo, a pesar de los argumentos que expone Ferguson, los promotores de las ciencias desde la época de Francis Bacon hasta el presente han ido instaurando la idea de que la ciencia es el principal camino del progreso tecnológico, relegando al arte de la ingeniería a un status inferior del conocimiento:

"The myth that the knowledge incorporated in any invention must originate in science is now accepted in Western culture as an article of faith, and the sciences policies of nations rest on that faith." (Ferguson, 1999, p. 155) **A.26**

La existencia de fallas, de comportamientos erráticos y de consecuencias secundarias no deseadas ponen también en evidencia que la ingeniería no es susceptible de ser abordada como una ciencia exacta factible de ser tratada sólo analíticamente, sino que existe una gran cantidad de juicios y decisiones que no pueden ser tomados por estos medios y que pueden ser tanto acertados como desacertados. Así mismo, la realidad es lo suficientemente compleja como para no admitir modelos predictivos exactos en la totalidad de los casos. En palabras de Ferguson:

"No matter how vigorously a "science" of design may be pushed, the successful design of real things in a contingent world will always be based more on art than on science." (Ferguson, 1999, p. 194) **A.27**

El enfoque etnográfico de Louis Bucciarelli

Louis Buccierelli –Profesor Asociado de la Escuela de Ingenieria del MIT– en su libro "Designing Engineers" relata su experiencia etnográfica en empresas tecnológicas a partir de las cuales elabora una tesis acerca de la naturaleza del proceso de diseño. La metodología etnográfica, introducida por los sociólogos de la ciencia e instrumentada por Bruno Latour entre otros, consiste en realizar estudios in situ de los procesos que se desean investigar prestando especial atención a como los actores involucrados se desenvuelven mientras se desarrolla el proceso bajo análisis, en estos casos el diseño de un nuevo artefacto. Su tesis se centra en que el proceso de diseño no es autónomo, que no depende solamente de leyes de la ciencia o de la "mano invisible" de la evolución, sino que en cada empresa se desarrolla una subcultura[41] en la que interactúan diferentes personas con diversos intereses y formaciones los que presentan a su vez distintas maneras de comprender el funcionamiento del objeto: el diseño es un proceso social en el que todos estos actores negocian en busca de llegar a un consenso que les permita alcanzar el objetivo deseado (la construcción del artefacto).

> "Moreover, in the contemporary engineering firm, designing engage more than alone engineer at drafting board or work station. The design [of an object] engage a wide variety of people within the firm: research scientist, marketing chief, lab technician, system engineer, proyect manager, production engineer, purchasing agent, inventory controller. All can and do influence the design, and all must can to agreement in order to realize the design. The process is thus social, the business of a subculture." (Bucciarelli, 1994, p. 2) **A.28**

41 Subcultura en el sentido de una comunidad que comparte objetivos, prioridades, creencias y valores propios de la empresa en la que trabajan y cuya supervivencia depende en gran medida del éxito de sus producciones.

Este proceso involucra una modo especial de actuar y pensar –centrado en el objeto– que es particular de la ingeniería, que está lleno de incertidumbres y ambigüedades, y que se aleja mucho de la imagen mítica del diseño ingenieril como un proceso instrumental clara y unívocamente delimitado. Este mito se genera, según Bucciarelli, en la excesiva importancia que se le ha dado a la física del objeto, cuando en realidad no todos los miembros de la sub-cultura entienden su funcionamiento en los mismos términos: cada participante o grupo de participantes manejan su propio "object-world thinking" dentro del cual queda definido el principio de operación del dispositivo, su "underlying form" [42].

La visión reduccionista del diseño es la que sostiene que la forma de un objeto o sistema esta únicamente determinado por los descubrimientos científicos, es decir que la tecnología es una consecuencia de la ciencia. La postura opuesta es la que cree que es el mercado, es decir los usuarios, los que definen la forma del objeto y el diseño adecuado. Los que adhieren al primer caso concluyen que si se quiere mejorar la tecnología se deben formar más y mejores científicos, mientras que los del segundo afirman que la solución está en brindar mayor educación a los consumidores finales: "cada sociedad tiene la tecnología que se merece". Ambas interpretaciones del proceso de diseño resultan deterministas en extremo, por un lado son la leyes de la física y por el otro las leyes de la economía las que definirían los artefactos:

> "Both are distant from the events they pretend to explain. In their attemps to provide a generic, theoretical description, they stand aloof from the sometimes chaotic workings of real people within the R&D laboratory or the engineering firm." (Bucciarelli, 1994, p. 17) **A.29**

Bucciarelli sostiene que en realidad se trata de una combinación de éstas y otras formas las que interactúan junto con los contextos políti-

42 Dónde algunos ven fuerzas y corrientes, otros ven engranajes y motores, otros tamaños y formas, otros practicidad y gusto, otros costos y beneficios, etc.

cos, históricos y sociológicos en un proceso de negociación continua. No se trata de un proceso irracional pero sí de un mecanismo complejo de toma de decisiones en el que cada uno de los ingredientes se combina de manera difusa. De esta manera el diseño final del objeto emerge de la intersección dinámica de los diferentes "object-worlds" involucrados. Y más aún, esta intersección no determina el artefacto de manera unívoca sino que ante las mismas condiciones iniciales de contorno existe siempre más de una alternativa significativa de diseño posible.[43] Adicionalmente, es posible que aún dentro de un mismo "object-world" coexistan varias explicaciones, varios modos de análisis y varias soluciones para un mismo problema. También distintos estilos. Otras veces no hay explicación alguna, el artefacto se comporta de "manera misteriosa" no repetitiva, aparece el desconcierto, el tiempo se acaba y la presión aumenta. Es en este momento donde toma peso la figura del "experto", aquel que posee una especie de intuición, un conocimiento tácito brindado por la experiencia, el que sabe dónde medir, que ver y que dejar de ver.

El lenguaje duro y rígido utilizado dentro de cada "object world", generalmente expresado en términos metrológicos y guiado por especificaciones técnicas y normativas, debe ser suavizado de modo de permitir la interacción, dentro de la estructura jerárquica de la firma, con los otros mundos. Cada participante debe ser capaz de narrar una historia que sea comprensible para el otro y muchas veces en esta capacidad de síntesis retórica, en la que los gráficos y las tablas juegan un papel crucial, descansa el éxito de poder imponer una determinada acción por sobre otras también posibles. La racionalidad de la elección tecnológica descansa muchas veces en una cuestión de habilidad y/o peso político de los participantes en el proyecto.

Finalmente llega un momento en que las negociaciones se agotan, el diseño termina, la caja se cierra y el objeto toma vida en la sociedad donde comienzan a tejerse otras historias.

43 Bucciarelli, 1994, p. 196.

Reflexiones y conclusiones

Me he cuidado durante el desarrollo de todo el trabajo de mantener una redacción impersonal queriendo simbolizar con ello mi esfuerzo por hacer una lectura lo más imparcial posible del material estudiado. Sin embargo, a la altura de las reflexiones y conclusiones finales, es hora de tomar la primera persona significando con ello que las mismas están sin duda, y creo que no puede ser de otra manera, teñidas por mi manera de entender el mundo y mi propia experiencia como ingeniero con más de diez años de ejercicio de la profesión.

He intentado poner en evidencia en las secciones anteriores que es posible llegar a conclusiones diferentes sobre lo que se entiende por tecnología y la relación que ésta guarda con la ciencia y el conjunto de los fenómenos sociales. Pareciera que dependiendo del punto de partida, y quizás de las intenciones del autor, es posible concluir tanto que la ciencia engloba a la tecnología como su inversa, que es autónoma o que su desarrollo depende del contexto en el cual se encuentra inserta, que es neutral o que no lo es. Dentro de este aparente relativismo intentaré en estas conclusiones buscar una posición que no caiga en la tentación de los extremos sino que rescate lo que a mi juicio son los aciertos de cada una de ellas, en un contexto de pluralidad.

Sobre la demarcación

Aún aceptando que no existe un criterio absoluto de demarcación entre ciencia y tecnología, se puede avanzar en algunas cuestiones si se fija la atención en las características del término "aplicada". Si independientemente de lo que entendamos por ciencia, entendemos por "ciencia aplicada" justamente a eso, es decir a la ciencia con alguna aplicación, resulta claro que ésta es un subconjunto de la ciencia, aquel que se supone permitirá alcanzar propósitos prácticos de interés[44]. Por otra parte si entendemos por tecnología a aquella parte de los sistemas técnicos que utilizan, entre otras cosas, los principios descubiertos por la ciencia aplicada, resulta también evidente que la tecnología es un subconjunto de la técnica, independientemente de lo que se entienda exhaustivamente por ésta. La ciencia aplicada y la tecnología se convierten así en una suerte de puente que permite vincular a la técnica con la ciencia. En la figura 4 ensayo una posible vinculación entre ciencia, técnica y arte menos radical que la subsunción de una por la otra y como actuarían estas categorías en la generación de nuevos artefactos, algunos de los cuales pueden realimentarse sobre los conjuntos de origen. Debe tenerse en cuenta que las categorías que allí aparecen mencionadas deben siempre entenderse en relación al marco histórico y social que le da sentido, relativo, de tales.

En este modelo, uno de los roles que juega la ciencia aplicada sobre la técnica es permitir acortar los tiempos involucrados en la consecución de un artefacto o artificio máximamente eficiente y eficaz en términos ingenieriles. Si bien el estudio de la ingeniería nos enseña que la simplificación de los modelos teóricos implícitos en la metodología científica –necesaria para permitir el abordaje analítico-matemático–, torna insuficientes a éstos para alcanzar por sí solos la eficiencia máxima ingenieril,[45] también nos hablan que a través de la ciencia es posible abreviar los

44 Ver Feibleman, 1983.

45 La que necesita siempre de un ajuste final mediante modelado empírico sea este realizado a través de maquetas, modelos a escala, prototipos reales o de sofisticados pro-

tiempos involucrados en un nuevo diseño. En un caso límite puede llegar incluso a proponer un nuevo artefacto cuya factibiidad muy difícilmente hubiera salido a la luz sin su intervención. Dicho en otros términos, la ciencia, que permite conocer mejor "lo que es" en la naturaleza, es utilizada para alcanzar más velozmente "lo que será" de nuevo en ella[46].

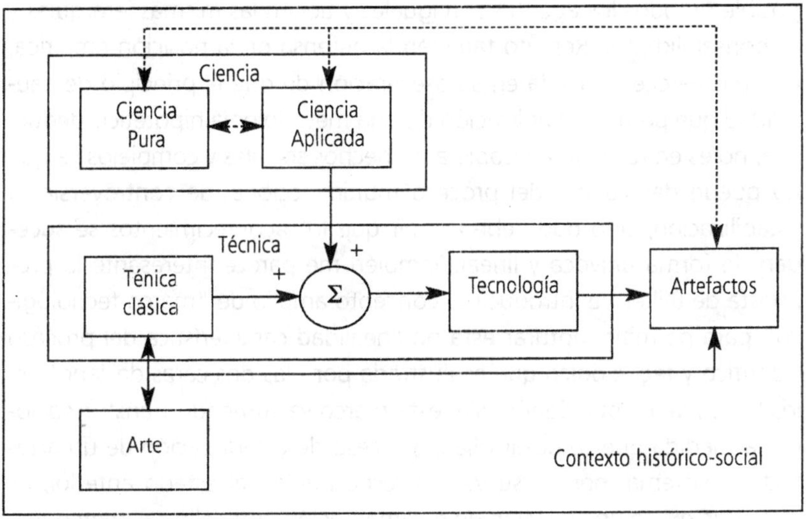

Figura 4: una posible vinculación entre ciencia, técnica y arte.

Con esta demarcación amplia entiendo que se hace posible abordar la escurridiza cuestión de la relación entre ciencia, técnica y tecnología admitiendo por un lado la tesis de los constructivistas, según la cual no sólo no es necesario disponer de definiciones precisas sino que tampoco es posible ya que se trata de actividades sociales y culturales de lími-

---

gramas de emulación numérica por computadora, como el Análisis Modal o el Método de los Elementos Finitos.

46 Ver Skolimowsky, 1983.

tes difusos y circunstanciales, pero admitiendo también la existencia de ciertos puntos de anclaje. Si bien se puede pensar la realidad como una tela sin costuras en la que redes formadas por humanos y no-humanos interactúan entre sí generando controversias y acuerdos, hay que considerar también la existencia de constricciones tanto naturales como construidas que quitan grados de libertad: no cualquier demarcación es posible ni todos los agentes son iguales y tienen las mismas jerarquías y responsabilidades. Rescato también la defensa de la posición empírica, que me parece acertada en su aseveración de que el principio de causalidad que permite la aplicación de una metodología hipotético-deductiva, no es en realidad aplicable a los hechos sociales y complejos ya que no puede dar cuenta del proceso multidireccional de controversias y estabilización, sino que debe asumir que los acontecimientos se suceden de forma unívoca y lineal. También me parece interesante la propuesta de Bijker de introducir el concepto amplio de "marco tecnológico" para permitir capturar esta no linealidad característica del proceso científico y tecnológico que es ilustrada por "las dos caras de Jano" en los textos de Latour. Según ella, este marco va sufriendo transformaciones a medida que se desarrolla el proceso de estabilización de un artefacto o sistema, pero a su vez es responsable del estado anterior, es decir que existe una relación de realimentación entre ellos: el marco tecnológico es el responsable de la forma inicial de un artefacto y de la identificación de problemas, cuya solución da lugar a un nuevo diseño el que a su vez modifica el marco tecnológico, y así sucesivamente hasta que se alcanza la estabilización, la que sucede cuando el proceso es convergente. En el caso de no obtenerse el equilibrio, el artefacto no ha sido exitoso y no llega nunca a convertirse en una innovación tecnológica. Se observa así el cumplimiento del principio de simetría en el hecho de que una misma explicación es utilizada tanto para los éxitos como para los fracasos.

Sin embargo, pareciera surgir una contradicción entre la presunción de poder independizarse de los criterios de demarcación y la necesidad de realizar una selección de los "casos empíricos paradigmáticos" para lo cual es necesario disponer de alguna definición o acuerdo que les pueda dar significado de tales: ¿Por qué la bicicleta, la baquelita o el tubo fluorescente son artefactos tecnológicamente representativos? La respuesta de que se trata de aplicar el "sentido común" pareciera no ser suficiente y es aquí donde creo que es de utilidad la demarcación amplia propuesta junto con los puntos de anclaje.

Por último me parece interesante resaltar que a diferencia del determinismo tecnológico que a lo sumo admite la dimensión social en el sentido causal unidireccional del impacto que ésta ocasiona en la cultura o en el medioambiente, la posición constructivista rescata y pone además en evidencia la relación causal inversa, al relatar como actúa la sociedad en el modelado de artefactos y sistemas. Como tal, creo que representa un complemento de mucha utilidad para comprender la complejidad del proceso tecnológico, el que está imbricado por múltiples facetas que abarcan en una relación de interdependencia las esferas de lo social, lo político, lo económico, lo técnico y lo científico, entendiendo que en ellas subyacen tanto cuestiones sociales como naturales.

Sobre la autonomía y neutralidad

Se puede observar entre los pensadores vinculados con la filosofía y las humanidades una tendencia a reconocer en el desarrollo de la tecnología claros aspectos negativos. Sin ser, desde ya, simples fatalistas, Ortega, Heidegger, Ellul y Mumford reconocen en la técnica, cada uno a su manera y en un sentido nada trivial, algo de alienación en cuanto a que la misma ha perdido su intencionalidad original de ser herramienta de progreso social y por el contrario ha devenido autónoma y autorreferenciada. Sea por el temor a que sus ilimitadas posibilidades termine "vaciando la vida" del hombre, sea por el peligro supremo del "desocultar compulsivo", sea por que se ha transformado en un nuevo "milieu" en el que la sociedad ha quedado esclavizada o por la amenaza autoritaria de la "megamáquina", estos autores, sin dejar de reconocer la importancia del hacer técnico para la vida así como la imposibilidad y necedad de pretender volver al pasado, no pueden dejar de alertar sobre las consecuencias nocivas de este tipo de obrar. Tampoco se quedan en la mera crítica descriptiva –por lo que no son deterministas-fatalistas– sino que proponen diferentes posibles vías de escape. Ortega y su insistencia en enfatizar el carácter de mero medio para un fin superior, el de la vida, al que debe ajustarse; Heidegger y la necesidad de ahuyentar el puro razonamiento instrumental y calculador para condicionar el desocultar también a fines superiores; Ellul y lo imperioso de proveer a la técnica de control moral y espiritual; y finalmente Mumford y el desarticulado de la megamáquina en pos de una técnica más democrática y factible de control humano.

Si bien los argumentos utilizados por estos pensadores son de peso y no resultan fáciles de refutar, pierden solidez cuando se los enmarca en el terreno de lo político como señalan Winner y Feenberg. Por sobre los imperativos tecnológicos es posible pregonar una posición que inste a dejar de adorar a la eficiencia como criterio de progreso y a dar un rol más preponderante a los valores de justicia social, igualdad y bien común que deben ser propios de una sociedad democrática, evaluando las infraestructuras materiales y sociales que crean las tecnologías específicas para la actividad cotidiana. Como entiendo señala muy bien Olivé, aún dentro del modelo estructuralista de Quintanilla –la tecnología como sistema de acciones intencionales– no puede dejar de soslayarse el marco contextual: si hay acciones, agentes e intenciones, entonces hay política.

Esta consideración lleva inexorablemente a la cuestión de la supuesta neutralidad de los objetos técnicos argumentada por los optimistas tecnológicos. La crítica más obvia a este enunciado parte de la cuestión de que son las personas y no las cosas las que pueden ejercitar la política: el problema no está en la técnica sino en aquel que hace uso (o mal uso) de ella o en el sistema económico-social en el cual está inserta. Si bien esto lleva parte de razón, una vuelta más permite adentrase sobre la etapa misma de diseño y concluir que si hay intencionalidad en el futuro uso del objeto ésta se va a ver necesariamente reflejada en las características internas del propio artefacto o artificio dejando, por ende, de ser neutral ya que el objeto debe ser funcional a sus objetivos. Como sostienen los constructivistas, se trata de un proceso social progresivo en el cual el conocimiento, la invención tecnológica y los intereses políticos y económicos se fortalecen el uno al otro formando patrones profundamente arraigados.

Resumiendo, la crítica de los filósofos estudiados, fuerte si se considera a la tecnología como un ente aislado, pierde solidez al enmarcarse en la arena política[47]. Afirmar su autonomía implicaría caer automáticamente en la falacia naturalista. Negar la posibilidad de su control implicaría negar a la humanidad la posibilidad de ejercitar la política y el pensamiento crítico. De todas formas creo que sus advertencias no son en absoluto vanas ni triviales, por sobre las lecturas ingenuas y simplistas alertan sobre la importancia del cuestionamiento de los fines por sobre lo sólo instrumental, posicionando en primer lugar la reflexión sobre los mecanismos y valores inherentes en el desocultar por sobre la contemplación y el análisis *a posteriori* de sus consecuencias.

Sobre las características de la ingeniería

Si bien es claro que la ingeniería es sólo una de las ramas tecnológicas actuales, una caracterización adecuada de la tecnología debería al menos incluir las propiedades epistemológicas de esta disciplina. Los estudios aquí analizados sobre este tema y mi experiencia personal, me permiten reconocer en la labor y conocimientos del ingeniero mucho más que la sola presencia de ciencia aplicada, sin por ello dejar de admitir que la metodología y resultados de la ciencia son de utilidad para el diseño de artefactos. La existencia de un lenguaje simbólico especial, la importancia del aprendizaje no verbal, la necesidad de la experiencia práctica concreta, el desarrollo de técnicas específicas muchas de ellas empíricas, la organización en estructuras jerárquicas y multinivel, la metodología del análisis de fallas, la creatividad artística, son todas face-

47 Ver Gómez, 1997.

tas necesarias para la concreción de objetos que funcionen. No se trata de que las apreciaciones de Bunge sean erradas sino que son insuficientes. Entiendo que es correcta su apreciación respecto a la existencia de teorías substantivas y reglas nomopragmáticas pero, como sostiene Bucciarelli, estas operan dentro de pequeños mundos y se deben articular con otras formas de conocimiento y de acciones sociales. El proceso de toma de decisiones, sin ser irracional, responde a una dinámica de negociación compleja en la que diferentes ingredientes se combinan de manera difusa, no unívoca, pudiendo muchas veces obtenerse idénticos resultados con diseños muy diferentes.

El desempeñarse dentro de ambientes donde reina la incertidumbre es otra de las condiciones de contorno que han moldeado el saber ingenieril y que le han dado sus particularidades. El imperativo sobre la eficacia y eficiencia del objeto combinado con el conocimiento muchas veces incierto de sus componentes reflejan una realidad muy alejada de la de la ciencia, donde las teorías pueden fallar y las condiciones de borde pueden, la mayoría de las veces, ser controladas con mucha rigurosidad y tranquilidad. El saber hacer con la incertidumbre, el poder obtener un resultado concreto en un tiempo limitado partiendo de condiciones iniciales difusas, es quizás una de las principales características distintivas de la tarea del ingeniero.

En definitiva, el estudio de la ingeniería no hace más que reforzar las conclusiones ya enunciadas respecto al carácter social presente en la tecnología. No sólo el ambiente exterior condiciona la etapa de diseño, producción y operación de un determinado artefacto o sistema, sino que en la propia lógica interna también intervienen procesos sociales. El factor económico juega la mayoría de las veces un papel central y la asignación de presupuesto a un determinado proyecto –en detrimento de otro– muchas veces se dirime en el terreno político donde la buena retórica pasa a ser un recurso esencial de mucha mayor relevancia que las objetivas leyes de la ciencia.

Conclusiones finales

1. No es posible resolver la cuestión de la demarcación ciencia-tecnología de manera única. Ante los dos tipos de extremismos enunciados se sugiere optar por una posición intermedia en la que la tecnología es entendida como el nexo entre la ciencia y la técnica ambas vistas en forma general y sin demasiadas precisiones, como se graficó en la figura 4. Esta posición es suficiente para apoyar el ulterior abordaje analítico y empírico en cuanto a que proporciona una base razonable para la aplicación del "sentido común" utilizado para la elección de los casos representativos de estudio.
2. Se debe entender a la tecnología en sentido amplio, no sólo como máquinas, artefactos y artificios sino como sistemas complejos que involucran a las organizaciones y a las personas en tanto agentes portadores de intenciones, conocimientos y habilidades.
3. En esta línea se desprende que la aplicación de la ciencia es sólo una parte del saber tecnológico. Esto no significa de ninguna manera que la misma no represente ningún rol sino que éste no es ni único ni necesariamente el más importante.
4. La tecnología no puede aislarse de su época sino que la contextualización resulta fundamental para entender el proceso tecnológico. Los estudios históricos, como los de Vincenti y Ferguson, son particularmente iluminadores en revelar esta compleja dependencia presente en el proceso de diseño.
5. Por otra parte, el diseño es un proceso social que involucra una constante y difícil negociación entre diferentes actores y sus mundos objetivos, como se pone muy bien de manifiesto en los estudios etnográficos de Bucciarelli.
6. Además este proceso no se reduce sólo a las relaciones internas del grupo de trabajo sino que el diseño está también condicionado por las relaciones con los diversos grupos sociales con los

que interactúa el objeto o sistema tecnológico, como revelan los estudios de Bijker, Pinch y Callon entre otros.

7. Lo anterior no niega la existencia de aspectos de índole natural que funcionan como mecanismos de constricción al relativismo constructivista.
8. La existencia de aspectos tanto construidos como naturales lleva a abandonar la idea de que es posible una valoración solamente interna de la tecnología como pretende Quintanilla y que es apropiadamente denunciada por Olivé.
9. Se deben evitar los reduccionismos de los optimistas tecnológicos. La tecnología no proporciona por ella misma un avance constante para la humanidad. Si bien es fuente posible de solución de necesidades y problemas se debe considerar que también puede generar otros nuevos. La racionalidad instrumental eficientista no es la única posible de ser aplicada como criterio de progreso y la tan mentada eficiencia debe ser evaluada en sus múltiples dimensiones.
10. Se deben evitar también los reduccionismos de los pesimistas tecnológicos en cuanto a que niegan la posibilidad del control de la tecnología y por ende condenan al sujeto a un papel de mero espectador negando así su capacidad de ser agente de cambio y control.
11. Finalmente y en consecuencia, se debe negar rotundamente el llamado principio de neutralidad tecnológica. La tecnología no es neutral sino que modifica los valores y las posibilidades de las sociedades y se deben por ende adoptar actitudes políticas y éticas respecto de ella.

Bibliografía

Bijker, Wiebe, 1994 (1987), "The Social Construction of Bakelite", en Bijker, Hughes & Pinch, "The Social Construction of Technological Systems: New Directions in the Sociology and History of Technology", MIT Press, U.S.A.

Bijker, Wiebe, 1992, "The Social Construction of Fluorescent Lighting", en Bijker & Law, "Shaping Technology, Building Society: Studies in Sociotechnical Change", MIT Press, U.S.A.

Bloor, David, 1998 (1971), "Conocimiento e Imaginario Social", Gedisa, Barcelona.

Broncano, Fernando, 2000, "Mundos Artificiales, Filosofía del cambio tecnológico", Paidós, México.

Bucciarelli, Louis, 1994, "Designing Engineers", MIT Press, Massachusetts.

Bunge, Mario, 1983 (1967), "Toward a Philosophy of Technology", Philosophy and Technology, Mitcham & Mackey, Free Press, U.S.A.

Callon, Michel, 1994 (1987), "Society in the Making: The study of technology as a tool for sociological analysis", en Bijker, Hughes & Pinch, "The Social Construction of Technological Systems: New Directions in the Sociology and History of Technology", MIT Press, U.S.A.

Ciapuscio, Héctor, 1994, "El Fuego de Prometeo", EUDEBA, Buenos Aires.

Crosby, Alfred, 1997, "The Measure of Reality, Quantifiaction and Western Society, 1250-1600", Cambridge University Press, U.S.A.

Ellul, Jacques, 1983 (1963), "The Technological Order", Philosophy and Technology, Mitcham & Mackey, Free Press, U.S.A.

Feenberg, Andrew, 2005, "Teoría Crítica de la Tecnología", Revista Iberoamericana de Ciencia, Tecnología y Sociedad, N° 5, vol.2, junio de 2005, pp. 109-123.

Feenberg, Andrew, 1992, "Racionalización democrática: tecnología, poder y libertad", www.sfu.ca/~andrewf/demsapinsh.htm.

Feibleman, James, 1983 (1961), "Pure science, applied science, and technology: an attempt at definitions", Philosophy and Technology, Mitcham & Mackey, Free Press, U.S.A.

Ferguson, Eugene, 1999 (1992), "Engineering and the Mind´s Eye", MIT Press, Massachusetts.

Florman, Samuel, 1976, "The Existential Plasures of Engineering", St. Martin´s Press, New York.

Gómez, Ricardo, 2002 "¿Queda alguna esperanza en la Caja de Pandora?", en Estudios de Epistemología, Vol. IV, Universidad Nacional de Tucumán.

Gómez, Ricardo, 2000, "Contra la mala ciencia y la peor filosfía", en "Tópicos Actuales en Filosofía de la Ciencia", Universidad Nacional de Mar del Plata.

Gómez, Ricardo, 1997, "Progreso, Determinismo y Pesimismo Tecnológico", Revista Redes, vol. IV, N° 10, pp. 59-94, Buenos Aires, octubre de 1997.

Hacking, Ian, 2001 (1983), "Representar e Intervenir", Paidós, México.

Hacking, Ian, 1999, "The Social Construction of What?", Harvard University Press, Massachusetts.

Heidegger, Martin, 1994 (1954), "La pregunta por la técnica", Conferencias y Artículos, Ediciones del Serbal, Barcelona.

Hughes, Thomas, 1994 (1987), "The Evolution of Large Technological Systems", en Bijker, Hughes & Pinch, "The Social Construction of Technological Systems: New Directions in the Sociology and History of Technology", MIT Press, U.S.A.

Jacomy, Bruno, 1992 (1990), "Historias de las Técnicas", Losada, Buenos Aires.

Koyré, Alexandre, 1994 (19xx), "Pensar la Ciencia", Paidós, España.

Kreimer, Pablo, 1999, "De Probetas, Computadores y Ratones", UNQUI, Quilmes.

Latour, Bruno, 2001 (1999), "La Esperanza de Pandora: Ensayos sobre la realidad de los estudios de la ciencia", Gedisa, Barcelona.

Latour, Bruno, 1998, "La tecnología es la sociedad hecha para que dure", en Domenech & Tirado, "Sociología Simétrica: Ensayos sobre cienca, tecnología y sociedad", Gedisa, Barcelona.

Latour, Bruno, 1992, "Ciencia en Acción: Cómo seguir a los científicos e ingenieros a través de la sociedad", Labor, Barcelona.

Marcuse, Herbert, 1993 (1954), "El Hombre Unidimensional: Ensayo sobre la ideología de la sociedad industrial avanzada", Planeta Agostini, Barcelona.

Mesthene, Emmanuel, 1990 (19xx), "The Role of Technology in Society", Technology and the Future, A. Teich, ed., St. Martin´s Press, New York.

Mitcham, Carl, 1994, "Thinking Through Technology: The path between engineeerig and philosophy", University of Chicago Press, Chicago.

Mitcham, Carl, 1989, "Qué es la filosofía de la Tecnología", Anthropos, Barcelona.

Mumford, Lewis, 1983 (1966), "Technics and the Nature of Man", Philosophy and Technology, Mitcham & Mackey, Free Press, U.S.A.

Noble, David, 1999 (1997), "La Religión de la Tecnología: La divinidad del hombre y el espíritu de invención", Paidós, Barcelona.

Olivé, León, 2000, "El Bien, el Mal y la Razón", Paidós, México.

Ortega y Gasset, José, 1957 (1939), "Meditación de la Técnica", Revista de Ocidente, Madrid.

Petroski, Henry, 1992 (1985), "To Engineer is Human: The role of failure in successful design", Vintage, New York.

Pinch, T. & Bijker, W., 1994 (1987), "The Social Construction of Facts and Artifacts" en Bijker, Hughes & Pinch, "The Social Construction of Technological Systems: New Directions in the Sociology and History of Technology", MIT Press, U.S.A.

Pitt, Joseph, 2001, "What engineers know", Techné 5:3 Spring 2001.

Pitt, Joseph, 2000, "Thinking About Technology, Foundations of the Philosophy of Technology", Seven Bridges Press, U.S.A.

Poser, Hans, 1998, "On structural differences between science and engineering", Philosophy & Technology 4:2 Winter 1998.

Quintanilla, Miguel Ángel & Lawler, Diego, 2000, "El concepto de eficiencia técnica", en "Tópicos Actuales en Filosofía de la Ciencia", Universidad Nacional de Mar del Plata.

Quintanilla, Miguel Ángel, 1991 (1988), "Tecnología: un enfoque filosófico", EUDEBA, Buenos Aires.

Ronderos, P. & Valderrama, A., 2003, "El futuro de la tecnología: una aproximación desde la historiografía", Revista Latinoamericana de Ciencia, Tecnología, Sociedad e Innovación, N° 5, enero-abril de 2003.

Shelton Kirby, Richard, 1990 (1956), "Engineering in History", Dover, U.S.A.

Skolimowsky, Henryk, 1983 (1966), "The Structure of Thinking in Technology", Philosophy and Technology, Mitcham & Mackey, Free Press, U.S.A.

Vincenti, Walter, 1993 (1990), "What Engineers Know and How They Know It: Analytical Studies from Aeronautical History", Johns Hopkins University Press, Baltimore.

Winner, Langdon, 1990, "The Political Philosophy of Alternative Technology", Technology and the Future, A. Teich, ed., St. Martin´s Press, Nueva York.

Winner, Langdon, 1987 (1986), "La Ballena y el Reactor: Una búsqueda de límites en la era de la alta tecnología", Gedisa, Barcelona.

Apéndice de traducción de citas

A.1: "La relación entre ciencia y tecnología es simbiótica y se nutre mutuamente, con mecanismos y teorías que se retroalimentan bajo la influencia de, y en respuesta a, presiones cognitivas, sociales y económicas."

A.2: "Las herramientas en sí mismas no son la tecnología; sino que es el uso que las personas dan a ellas, persiguiendo un propósito, lo que la define."

A.3: "Que el hombre sea sujeto en vez de objeto de la técnica implica dos cosas: que sea capaz de dar dirección y sentido a la técnica y que pueda dominarla. Hasta ahora, a demostrado no poder hacer ninguna de ambas cosas."

A.4: "Es en vano lamentarse de lo ya pasado. El deseo de pretender volver a un estado anterior de la sociedad es irreal. No hay posibilidades de anular o siquiera frenar el avance tecnológico. Lo que está hecho, hecho está. Es nuestro deber encontrar nuestro lugar en la situación presente actual y no en otra."

A.5: "En la medida en que el hombre logra liberarse y dominar el mundo a través de nuevos mecanismos de aprovechamiento de la materia, el problema deja de ser el de las posibilidades y límites humanos para pasar a ser el de conocer quiénes explotarán estos medios técnicos y cuáles serán sus cualidades espirituales y morales."

A.6: "Herramientas y máquinas técnicas son fragmentos especializados de biotécnicas, entendiendo por biotécnica a todo el equipamiento necesario para la vida del hombre."

A.7: "Resumiendo, la mecanización y regimentación introducida a través de los grupos de trabajo, civiles y militares, y de los más modernos métodos de organización industrial y burocrática, ha reemplazado a los rituales religiosos como medios para alcanzar la estabilidad psicológica de las masas populares. El trabajo repetitivo y disciplinado resultó ser una forma de autocontrol, un agente moralizador más efectivo y más universal que cualquier ritual o ley."

A.9: "Es sólo a través de distinguir el conocimiento científico del conocimiento instrumental, o 'know how', que podemos dar cuenta tanto de la coexistencia de conocimiento práctico con ignorancia teórica, como la de conocimiento teórico con ignorancia práctica."

A.10: "Los grupos sociales relacionados con el artefacto y los significados que éstos asocian con el mismo, juegan un rol crucial en la decisión de cuáles problemas son relevantes: un problema es definido como tal sólo si existe un grupo social que lo reconoce efectivamente como problemático."

A.11: "Dentro de nuestro modelo descriptivo, la flexibilidad interpretativa generó, respecto del producto de condensación del fenol-formaldehido, tres artefactos diferentes: un material plástico en estado embrionario, una tintura potencial y un método para estudiar las resinas naturales."

A.12: "La flexibilidad interpretativa para el caso de la lámpara fluorescente puede ser demostrada a través de los tres artefactos diferentes que significó para diferentes grupos sociales en el período comprendido entre 1938 y 1942: una lámpara de luz coloreada, una lámpara de alta eficiencia y una lámpara de día de alta intensidad."

A.13: "¿Qué había ocurrido? Respecto de los dos grupos relevantes, los ciclistas deportivos y el público en general, el cierre se había alcanzado pero no por el convencimiento de la utilidad del neumático inflable como elemento antivibratorio, sino por su contribución a la solución a otro problema totalmente diferente: el de ir lo más rápido posible. Esto puede entenderse como un desplazamiento en el significado del neumático inflable."

A.14: "En la controversia suscitada por el problema de la disminución de la carga eléctrica ocasionada por la lámpara fluorescente coloreada y la lámpara fluorescente de alta eficiencia, el cierre se alcanzó diseñando, como solución de compromiso, un tercer producto, la lámpara de día fluorescente de alta intesidad."

A.15: "Los ingredientes del VEL son los electrones que saltan sin esfuerzo entre los electrodos, los consumidores que rechazan el símbolo del automóvil y están dispuestos a invertir en el transporte público, el Ministerio de Calidad de Vida que impone los límites aceptables de polución sonora, Renault que debe aceptar su nuevo rol de fabricante de carrocerías, las baterías que deben ser mejoradas y la sociedad post-industrial en su conjunto. Ninguno de estos ingredientes puede ser ordenado siguiendo un orden jerárquico o en distinción a su naturaleza. Los activistas a favor del servicio público son tan importantes como las baterías que deben poder ser recargadas cientos de veces."

A.16: "En contraste con el conocimiento científico, existe el conocimiento de la ingeniería, que está orientado a la realización de tareas. Este es universal, seguro, y, si funciona, debe ser verdadero en algún sentido que se pueda atribuir a éste término. El conocimiento ingenieril parece ser más duradero y digno de confianza que el conocimiento científico. El ingeniero conoce su trabajo y sabe cómo hacerlo bien."

A.17: "La ingeniería es la capacidad de organizar el diseño y la construcción (y yo agregaría la operación) de cualquier artificio capaz de transformar el mundo material que nos rodea con el objetivo de satisfacer una necesidad reconocida."

A.18: "La investigación teórica en ingeniería, que contribuye al conocimiento necesario para el diseño, tiene mucho en común con la investigación teórica de la ciencia. Como ella es sistemática, conceptual y matemáticamente compleja. (...) Sin embargo existen diferencias en estilo, énfasis y formas de pensamiento. (...) Enfatiza la aplicación en lugar de la explicación, y esto influye en la elección de alternativas y métodos, así como en la selección de los resultados considerados valiosos."

A.18 bis: "Las técnicas, instrumentos y modos de aproximación son básicamente similares. Sin embargo existen diferencias importantes con la investigación teórica. En ingeniería, los métodos (experimentales) son utilizados de una manera característica de la especialidad. Los ingenieros hacen uso extensivo de técnicas experimentales del tipo de variación de parámetros cuando no existe un conocimiento teórico efectivo. Si bien también son similares en lo que concierne al uso de modelos a escala, es necesario el agregado de teorías de similitud para tener en cuenta los efectos del tamaño real. Además, los procedimientos que implican pruebas destructivas, no tienen correlato en la ciencia moderna. El experimento en ingeniería tiene un carácter propio."

A.19: "El crecimiento del conocimiento en ingeniería puede ser descripto en términos del modelo de Donald Campbell de variación ciega y retención selectiva."

A.20: "En el diseño en ingeniería el criterio para la selección de la variación a ser retenida se basa en la respuesta a la pregunta ¿funciona? o, más precisamente, ¿puede ayudar a la construcción de un artefacto que funcione? Esta pregunta, generalmente tácita, existe en la mente de todos los involucrados en el proceso de diseño, aún en sus ramas más abstractas."

A.21: "Si deseamos entender la naturaleza de la ingeniería, debemos apreciar este importante y descuidado modo de pensamiento. Es en gran medida el pensamiento no verbal el responsable de la forma del mundo material que nos rodea. A través de sus innumerables elecciones y decisiones, los tecnólogos han determinado las características físicas del mundo en que vivimos. Las pirámides, catedrales y cohetes existen no por la geometría, la teoría de las estructuras o la termodinámica, sino porque fueron primero imágenes –literalmente visiones– en la mente de quienes los concibieron."

A.22: "El conocimiento formal empleado por los diseñadores no es el de la ciencia, a pesar de que una parte substancial de él deriva de ella. Éste incluye también conocimiento basado en evidencia experimental proveniente de la observación empírica del comportamiento de los materiales y sistemas."

A.23: "...los ojos y los dedos –los dedos descubiertos– son las dos principales fuentes de conocimiento seguro con las que cuenta el ingeniero para todas sus operaciones..."

A.24: "El sentido de la vista es aún hoy la principal vía en la que se apoya el conocimiento de la naturaleza. La ciencia y la tecnología han avanzado en gran medida, y más que en proporción directa, gracias a la habilidad humana de encontrar e inventar métodos de representación visual de una variedad de fenómenos, permitiendo así su medición y representación simbólica sin la cual el pensamiento y el análisis racional serían imposibles."

A.25: "Las palabras solas no son suficientes, todos los instrumentos y las herramientas deben ser dibujadas, con el agregado de colores, para facilitar su comprensión."

A.26: "El mito de que el conocimiento subyacente en una invención se origina en la ciencia está hoy aceptado en la cultura occidental como un artículo de fe, y las políticas científicas de las naciones descansan sobre esta fe."

A.27: "No importa cuan vigorosamente se impulse la 'ciencia del diseño', finalmente el diseño exitoso de cosas reales en este mundo dependerá siempre más en el arte que en la ciencia."

A.28: "Además, en las actuales empresas de ingeniería, el diseño involucra mucho más que el trabajo aislado de un ingeniero frente a su computadora o tablero de dibujo. El diseño de un objeto ocupa a gran cantidad y variedad de empleados dentro de la firma: investigadores, comerciales, técnicos de laboratorio, ingenieros de sistemas, gerentes de producto, ingenieros de producción, agentes de ventas, controladores de inventario, etc. Todos ellos pueden influenciar en el diseño y por ende deben ponerse de acuerdo para poder realizarlo. El proceso es en consecuencia social, la empresa de una subcultura."

A.29: "Ambos están distantes del proceso que pretenden explicar. En su intento por proveer una descripción teórica general se mantienen alejados de la realidad del trabajo, algunas veces caótico, de la gente que trabaja en los laboratorios de I+D o en las empresas de ingeniería."

Nueva Librería SRL dio término a la presente tirada
en sus propios talleres gráficos, sitos en Estados Unidos 301
(1101) C. Autónoma de Buenos Aires, Argentina.
Telefax (5411) 4362 - 9266
En el mes de Febrero de 2017

